痩せない豚は幻想を捨てろ

テキーラ村上

KADOKAWA

はじめに

こんなタイトルの本書を開いたという事は、お前らはこれまでも幾度となく様々なダイエット法に踊らされ、そして挫折し、金と時間だけがなくなり、その割にはなぜか一向に減らないどころか、むしろ増える脂肪に頭を抱えてきた事だろうと思う。

これまで俺はブログを通して、痩せたいとは思っているのに痩せる事ができない数多くのデブを葬り去ってきた。しかもただのデブではない、俺が闘ってきたのは百戦錬磨のデブ、デブの中の選ばれしデブ、いわばデブのプロフェッショナルだ。

俺はテキーラ村上、略して「テキ村」と呼ばれ、俺の提唱するダイエットメソッドはいつからか「テキ村式ダイエット」としてインターネット上で広まるようになった。そして独自のダイエット論をブログに書き殴っては、脂肪に悩む日本の老若男女からニューヨーカー、果てはサバンナの先住民に至るまで、人種の壁を超えて世界中のデブの脂肪という脂肪を焼き払ってきた。

…既にダイエットに多大なる時間と労力を費やし一刻を争うお前らのために、前置きはこれくらいにして、単刀直入に言おう。

甘いんだよ。激甘。

お前のスイーツな考えはキャラメルフラペチーノの上澄みを超える甘さかもしれん。

しかし安心してほしい。本書を読み終える頃、お前は人生史上最も痩せる事となるだろう。しかも、それが最後のダイエットとなる。割とマジで。

本書を読んだが最後、泣いてハンカチを振りながら脂肪に別れをつげることになるし、「ダイエットは明日から」が毎日の口癖だったお前は、数週間後には**「ダイエット中にポテチ？　ないない、あり得ない。痩せたいのにポテチ食べるとか、基本的に甘すぎるのよね、頭の中に角砂糖かなんかが詰まってるのかしら」**と言い放っていることも間違いない。

「一体、どんなダイエット法が書いてあるんだろう？　ワクワクする！」だと？

いや、むしろ本書に「最新のダイエットメソッド」や「究極のラク痩せ、七つの法則」「海外で人気沸騰！　〇〇するだけでみるみる痩せるダイエット」などという、クソの役にも立たない夢物語が書き連なっている事を期待しているのなら、今すぐ本書を棚に戻し、ダイエットコーナーに毎年山のように並べられるいかにも新しげな、魔法のような、バカみたいにラクそうで、運動もいらない、我慢もいらない、めくるめく夢のダイエット本の類いを買ってポテチでも食いながら読んでいてほしい。

お前にはこの本よりも期待に沿える本があるだろうし、この本にはそのような斬新なダイエット手法は一切書いていない。なにより大切な金と時間を無駄にするのはよろしくない。

ここに書かれているのは、俺の体験に基づく実に泥くさい「ダイエットのリアル」、ただそれだけである。**ダイエットに失敗してきた人間が最も目を背け、最も距離を置いてきた「真実」が書いてある。**

これから俺と歩み進めるダイエットの道は、ただの汗と涙のいばらの道である。巷《ちまた》で流行るいかにもラクそうなダイエットのうたい文句とは180度かけ離れた内容だ。

本書は、「ダイエットに失敗し続けてきた人間が、いかに確実に痩せるか」、その一点だけにフォーカスされ書かれている。

そろそろ、目を覚まして頂きたい。

いいか、**自撮りで顔がシャープに見える角度を延々と探している場合ではないんだよ。**ついに現実と向き合う日がきた。長年にわたって蓄積してきたお前の脂肪を本気で葬り去ろうという上で、巷にありがちな甘い幻想やファンタジックなお話は一切登場しない。

食事制限下に置かれたデブは、全裸で寝そべった明日花キララを目の前にした童貞中学生と同じ状態なのだ。

砂糖をドッサリ使ったお菓子やパン、脂質と糖質たっぷりの弁当、運動いらずで2カ月で10キロ痩せるサプリ広告、などに誘惑される毎日。日々その凶悪すぎる誘惑に打ち勝つのは、当然のごとく容易なことじゃない。

「なーんだ、何か新しいダイエット方法かと思って期待しちゃった。新しいものが書いてないなら、そんな本読む価値ないじゃん」

とか言うデブの鑑みたいなヤツいるじゃん。そんなに新しいモノが好きなら穿くだけで痩せるタイツで首を絞めあげた後に水素水で水責めするから名乗り出てほしい。

いいだろうか、「ダイエットメソッドは今までの常識を覆す、新しい切り口で、魔法のようで、そして斬新でなければ読む価値はない」と思っているデブを極めし者こそ、この本を読むべきだ。

むしろお前だけのためにこの本を書き上げたと言っても過言ではない。ぜひ読んでほしい。いや、読め。読むというまで俺は永遠にこの書棚でお前を待つ。俺にはなんとしても、お前にこの本を読ませる義務がある。

その代わり、どんなダイエットサプリよりも効く「痩せメンタル」を授ける事を約束する。そして、長らく苦楽を共にしてきたぶ厚い脂肪たちに線香を送り、喪に服すこととなる。もうSNSで、夜な夜なアゴのラインが細く見える絶妙な角度を探し出し、やっと撮れた奇跡の一枚で自分を偽る必要もなくなる。

俺は知っている。

デブの脂肪の下には大きな可能性が隠されている事を、俺は知っている。

そして、その脂肪を減らすためにお前が何度も重い腰を上げようとしては「やっぱ明日からがんばろ。」の一言で片付け、またやる気が出るのを待つ、というお決まりのルーティンをうんざりするほど何百回と繰り返し

てきたことも、知っている。

脂肪の中から掘り起こされた真の魅力は、お前ら自身の想像をはるかに超えた可能性を秘めている。それはただ単に**「着たかった服が着られるようになった！　ハッピー！」だけでは済まず、人生すら変える恐れがある。**

そして日本全国に散らばる屈強なブログ読者たちは、既にデブからメリハリボディへと変貌し自分の新たな人生を謳歌している（彼女らのビフォーアフターについては各種SNSで今この瞬間も投稿されまくっているので、本書を読破した後はただちにツイッターやインスタグラム等にて「#テキ村式ダイエット」で検索頂きたい）。

ダイエットは、考え方で成否が80%決まる。

書店やメディアに溢れかえる「○○を食べると痩せる」「毎日1分間だけ○○をすれば痩せる」「私は○○を実践して痩せた」、など、一部分だけを切り取った知識はダイエットにおいて意味を持たない（ごく少数を除いた、おおむねは)。

存在しない「自分に合うダイエット方法」を探して右往左往し続けてきたお前たちには、本書が主題としているたった一つの事を実践してもらえればいい。

それは、ダイエットの幻想を捨て、リアルと向き合う事である。

お前らは早く痩せたいがために、小手先のダイエットメソッドに走りすぎる。小手先のメソッドは、何をしても痩せなかったデブには必要ない。それが必要となるのはダイエットの終盤、最後に残ったしぶとい脂肪を絞る時だけである。

「そんな事言われても、ずっとこの脳みそで生きてきたんだから私は簡単には変わらないよ。実際、いつもやる気なんか一時的で最初だけだし。もうダイエットなんか期待してないの。また挫折するのはコリゴリなの」だと?

お前は、ナメとんのか。このテキ村を。

俺は例えるならば、デブのチャンピオンズリーグで勝ち続けてきた歴戦のデブたちを瞬殺してきた男だ。**せいぜい地区予選一位程度のデブであるお前ごときの脂肪を消し去る事なんか、お安い御用以外の何物でもないわ。**

俺はデブの全てを理解した上で、第一章では「食欲に簡単に打ち勝つ方法」や「デブであるが故のメンタルをたたき直す方法」、第二章では「デブから脱出する食事」、第三章では脂肪にトドメを刺す「運動編」、第四章では「体形別デブ攻略編・完全版」について書き上げた。

どんなダイエットのやり方を真似ても失敗し続けてきた人間は、痩せない根本的な原因を知らない。

すなわち、見えない敵と戦っている状態である。真の敵は、お菓子でもラーメンでもなく、お前の心の中にいる。その敵を、俺があぶり出す。

俺と道を歩み進める中、「もうイヤだ」と逃げたくなることもあるだろう。それでも俺はお前のデカケツをたたく手を止める気は一切ない。お前に隠された「可能性」を現実のものとするために。

目次

第二章　テキ村式ダイエット道　〜食〜

第三章 テキ村式ダイエット道 ～動～

第一章

脱、デブメンタル

〜まずは脳から痩せろ、話はそれからだ〜

ステップ1

思考停止デブは、一生痩せない

さてこれから、お前らが長年育ててきた脂肪をキレイサッパリ葬り去る事となるわけだが、脂肪とお別れする前に一つ聞きたい。

諸君は、なぜデブから脱却できないのだろうか？

「私に合うダイエット方法に巡り合えなかったから」
「モデルが宣伝していたダイエットサプリが効果がなかったから」
「これさえやってれば痩せるという本を読んだけど効果がなかったから」
「テレビで見たエクササイズを真似したけど続かなかったから」
「人によって言ってることが違うから」

なるほど。どれもある意味正しいのかもしれないが、一つだけ言っておきたい。

その言い訳がましいデブ根性、俺が責任もって叩き直す。

本書の伝えたい大きなテーマは一つしかない。**まずは頭の中から痩せよ、という事である。お前らが痩せない根本的な原因は、思考が止まってしまい、「ダイエット思考」になっていないからである。**

確かに世の中にはテレビや雑誌、ＳＮＳなどで紹介される「○○するだけ」「○○食べるだけ」「○○飲むだけ」「○○着るだけ」など、いかにもラクそうな聞こえの魔法のようなダイエット商材で溢れかえっている。

それに加え、モデルやタレントはステマを繰り広げ、いかにも簡単に痩せる事ができそうな広告がのさばり、ＳＮＳでは無意味な小躍りがはやり、テレビの出演者が見当違いなダイエット方法を喧伝することすらある。

しかし今、本書を手に取っている読者は、何度も何度も似たようなものを買いあさっては鏡に映る減らない脂肪をぼう然と眺め、そのたびに落胆し、いい加減気づき始めている事だろう。**残念ながらそれだけで痩せることはできない、と。**

それらの「飲むだけで痩せるサプリ」「穿くだけで痩せるスパッツ」「ゴッソリ出

るドリンク」「腹筋○○回分、スクワット○○回分の効果」といった類いの商品や広告に目がくらみ、**心のどこかで「もう難しいことは考えたくない」「ラクしたい」と思った時点で、ダイエットは完全に明後日の方向へ向かっていると思ってもらっていい。**

つまり世の中でこれだけ広まっているものが、実際は砂上の楼閣である事がほとんどであるという事をまずお前の頭にたたき込め。お前に必要なのは心のどこかで微かな期待を膨らませる事ではない、現実を見る事、ただそれだけだ。

なぜ、ことダイエットにおいてはインチキ手法が蔓延しやすいのか。実に簡単である。それは、デブの心理を逆手に取ると、商品を売るマーケティング上そうなるからである。デブ自身がそれを欲しているからである。

つまりお前らが、**「いかにも簡単に痩せる事ができそうなモノを常に探しているから」**世の中がそういった広告で溢れてしまうのである。**お前らはテレビやインターネットで「○○だけで痩せる」といううたい文句を見ると、揃いも揃って瞬時にIQが3になる。**

デブ全員が「明日からダイエット頑張るって、昨日も同じ事言ってたよな？　記憶力ミジンコかよ？　いいかその言い訳のおかげででき上がったのが鏡の前のお前だろ、夢は見るな、幻想は捨てろ、そんな暇があれば今から少しでも動け」というダイエット思考になれば、この世は本当に痩せるダイエットメソッドだけで溢れることになる。

俺の最終的なゴールとしては、日本中のデブ全員がこのような思考を持つことである。

しかし、甘えてしまうのも無理もない。

事実、食事制限中における「カロリーの誘惑」は実に悪魔的であり、蠱惑的であり、強烈だ。その誘惑と闘っていく上で、どうしてもラクな方へ目がくらんでしまう気持ちは分かる。

分かるが、これこそが企業戦略なのである。「一粒飲むだけでカロリーをなかったことに」だと？　最高じゃないか、俺だって飲みたいさそんなサプリ。本当にあればの話だが。

現代は情報が多すぎて自分の頭で処理できない時代、考えなくてもいい時代といえる。しかしその情報の大海に身を任せると大変なことになる。

ダイエットは体に汗をかく事はもちろんだが、頭に汗をかく事から始まる。情報は自分で汗をかいて得なければ、生きない。情報を生かすも殺すもお前次第である。

氾濫する情報を自分の頭で取捨選択し、自分で整理すること——それが肥満からの脱出の糸口である。

「これを飲めば楽に痩せるよ」と書いてあるからといって「マジかよ、買お」って、**いや、逆にマジかよ。お前は人が一切嘘をつかない別次元の宇宙から来たパラレル野郎なのか？**

「体で何が起こって何故そうなるのか、まず調べて、それから取り入れるか考えよう」と思考を働かせる事こそ、ダイエット成功への第一歩だ。要するに、受動的ではなく能動的な姿勢でダイエットに取り組む必要がある。

小手先の方法を真似する事がダイエットではない。ダイエットとは、「考え方」そのものである。すなわち、痩せるロジックを考えていない時点でダイエットは始まってすらいない。

結果も大事だが、そこに至る経過がなにより重要である。なぜそのダイエットが推奨されているのか、理由を考えず鵜呑みにする「思考停止」を、今すぐにやめろ。思考を動かす事からダイエットは始まる。

まず手始めに、この第一章ではお前らがハマりがちなダイエットの罠について例を挙げ、「ダイエット思考」の働かせ方について事細かに説明する。これはいわばダイエットの基礎中の基礎であり、ダイエットに挑む準備段階のようなものである。これをまず徹底的にたたき込まなければお前らが脂肪の焼却炉と化すのは不可能だ。

この第一章で「ダイエットに失敗してしまうデブメンタル」を叩き直し、二章以降で実践編を叩き込み、血の涙を流しながら、脂肪の塊を怒濤のスピードで焼却してもらう。無論、簡単ではない。

道中、志半ばで力尽き、「カロリーをなかったことにするサプリ」に走り、ダイエットの負の連鎖にのみこまれていく者もいるだろう。しかし、ぜひ彼らの屍を越える覚悟で挑んでほしい。

ステップ1
まとめ

「思考停止させている時点で、
実はダイエットは始まってすらいない」

ステップ2

ダイエットのモチベーションを確実に維持する方法

ではこれから実際にお前らのデブメンタルをたたき直す作業に移っていくわけだが、**早くも最大の山場となった。**ダイエットで挫折する多くの人間はモチベーションが上がらない、または維持できない。

痩せたい、痩せたい、とは思っている。分かっている、分かっているのにラーメン＆炒飯セットを食べたい。

このステップではそんなお前らのダイエットのモチベーションが確実に維持される方法を伝える。**お前は今日からラーメン＆炒飯セットに走らず、喜んで鶏のささみを食べる事になる。**

諸君は一体「なんのために、痩せたい」のだろうか。もしくは「痩せて、何をしたい」のか。片思い相手に告白したいとか元カレ、元カノを見返したいとかかわいい服を着たいとかハイヒールが似合う女になりたいとか海でモテたいとか、色々な目的があるのだろうと思う。

いずれにせよ、痩せる事の最終的な目的は各々「幸せになりたい」からであろう事は間違いない。実にシンプル。だからあえて言っておきたい。

そもそも「デブだけど既に現状が幸せorあまり無理して今以上幸せになろうとも思わない」という人がもしもこの読者の中にいたら、いますぐ本書を破り便所の紙にでもして、ビッグマックセットとパンケーキを買いに行ってほしい。

このような人たちは、実に最高な環境と最高な友人に恵まれているのだと思う。

俺は、幸せデブを否定しない。デブだけど幸せ？　この上なく最高じゃないか。

そんな最高すぎるお前には、今後とも死ぬまで最高な人生を送り続けてほしい事と思う。

しかし幸せじゃないデブ、お前はちょっと待て。

もしもお前が、

「痩せたいのにダイエットが続かない、こんな自分が嫌だ」

「馬鹿にしてきた奴らを見返してやりたい、でもどうしても食欲を我慢できない」

「痩せて色々なファッションを楽しみたかったけど、もう諦めようかと思っている」

「デブはデブ、北川景子は北川景子なの。遺伝子には逆らえない。来世では頑張る」

とかわめき散らすのであれば、俺はお前らを一人たりとも見逃さん。

景子が、一体どうした？

これからお前は俺のダイエット本を読み進めるというのに、目標の次元が低すぎるんだよ。本書において奴は通過点に過ぎん。

痩せたい。でも食べたい。痩せたい。でも動きたくない。寝ていたい。分かってはいる。分かっちゃいるけど、どうしてもやめられない。

お前らは既に経験があるだろうが、単純な「痩せたいvs.食べたい」の闘いは、おおむね「食べたい」が勝つ。

そしてここがポイントだが、「食べたい」が勝ってしまう理由は、実は「意志が弱いから」ではない。

お前がなぜ挫折してしまうのか。断言しよう。**それは、「痩せる目的が明確でないから」だ。**痩せる必要性に迫られていないから。実にシンプルなんだ。

「痩せたい」。それは欲求だ。お前が痩せたいのは分かっている。俺もお前も皆、分かりきっている。しかし、なぜか真逆の結果を生む行動を取ってしまう。「痩せたい」をどんなに強烈に念じたところで、誰も鶏のささみなんか食べたくない。ラーメン&炒飯セットが食べたいんだよ。

では痩せたい理由はなぜだ。**お前は、痩せて何をしたいのか。**

例えば、痩せる目的・痩せて何をするかを更に具体的にしてみる。「私は痩せてルブタンのハイヒールを履きたい」では弱い。**そんな薄っぺらなイメージでは、お前らのベルリンの壁並みにぶ厚い脂肪の前では、焼け石に水である。**

ダイエットに失敗しがちな奴は、食欲を甘く見る。食の誘惑は実に強烈だ。あまりに強烈すぎて、もっと具体的なイメージやプランが立っていないとだんだんと「どうしても食べたい」「別にハイヒール履かなくてもよくね?」「てかハイヒール持ってねえし」といった具合になっていき、結果として「ダイエットしなくてもいいや」となる。もっと強烈に、具体的にイメージをしなければいけない。

ダイエットの目的は明確であればあるほどいい。だから、形から入る。そしてそこに身を委ねる。

最もシンプルで簡単なのは、ルブタンのハイヒールを履きたいなら先にルブタンのハイヒールを買ってしまう事だ。ルブタンの店員には「重さに耐えきれなくて2秒でヒールが折れるけど大丈夫かな」と心配されるだろうが致し方ない。

俺の経験から話そう。俺がまだ小デブだった頃、沖縄に行くことを決意し「今年の夏までに体を仕上げて、海に行った時にカッコいい体になっていたい」というモチベーションでダイエット及び筋トレに励んだ事があった。

最初はよかった。自分で決めた目標だから最初の数日間はメンタルが継続する。**お前らも痛いほどよく知ってる通り、やる気を出すのなんか、最初だけは実に簡単である。**

2日、3日と日が経つにつれて、だんだんと食の誘惑もエスカレートしてくる。今日のランチは、ラーメンが食べたい。もしくはパスタでもいい。カルボナーラなら最高だ。家で一人で映画を見ていたら、口元が手持ち無沙汰になり、なにかお供が欲しくなる。

お菓子はないか。一口なら大丈夫だろう。ああそうだ、そういえば引き出しにはポテチがあった。ポテチ。ポテチ。ポテチ。クソポテチが食べたい。**いったん頭にポテチが顔をのぞかせてしまうと、ポテチが脳内を侵略するスピードはハンパではない。**ポテチが使徒並みの速さで侵略してくる。数秒後にはもはや脳内は完全にポテチで侵される。

こうなるとポテチ以外の事はもう考えられない。ポテチの封を開けようか、開けまいか、ここからは天使と悪魔の綱引きである。

すると今度は
「ていうか、沖縄遠くね？」

「忙しいし行くのめんどくさくなってきた」

「日取りも決まってないしな」

「こんなに辛いならもうデブでいいかも」

「むしろ、食べられないストレスの方が体に悪いわ」

という具合で、ズブズブと脳内がデブの泥沼へ沈んでいく。ここまで来るともうポテチから逃れられるわけもない。ポテチがしまってある引き出しの前を永遠とも思える時間ウロウロし、一度ポテチの封を開けると、一口だけだったはずが気が付けば全て平らげてしまっている。

そんな甘ったれた日々が続いた。

ところが数日後、当時付き合っていた嫁から「ねえ、本当に沖縄行く気あるの？もう今からＪＴＢに予約しに行くから。問答無用で連れて行くから」と言われ、半ば引きずられるように旅行代理店へ行った。

そして彼女のおかげで、突然沖縄旅行の予定が決まってしまった。**もう後には引けない。**今までのように、なんとな〜く「日取りは決まってないけど多分海に行く」ではなく、「○月○日、彼女と一緒に三泊四日の沖縄の旅に行く」なのだ。

ホテルの目の前にはビーチ、プールもあり、プールサイドには永遠に寝そべっていられそうな、シャレオツ過ぎるサマーベッド。そんなホテル概要の写真を見ると、嫌でも自分が裸体になっている光景が目に浮かぶ。

「胸板は厚く、腹筋は割れ、肩から腰にかけては逆三角形でなければ沖縄に行く価値はない。いや、沖縄に失礼」そう思った俺は、もはやだらしのない体で沖縄に行くという選択肢はなくなったのである。

かくして、ものすごく曖昧だった「痩せてからやること」が具体化されたのだ。

するとどうなるか。**なんと、ラーメン屋の前を横切っても「①我慢して痩せる」「②ラーメン屋に行き明日から頑張る」という、二択そのものが頭に浮かばなくなったのである。**そう、選択肢自体をツブすのだ。

思い浮かんだとしても、「食べたい」という欲求が圧倒的に弱い。簡単に「痩せたい」の方が勝つ。もうゴールは決まったのだ。旅行の日付は刻一刻と近づいてくる。**マラソンでいえば、スタートを切ってしまっている。**マラソン中にどんなに疲れても「疲れたからベンチで休憩する」という選択肢があるわけもない事と同じように、「食欲に負けて明日から頑張る」という選択肢自体がなくなるのである。

つまり目標を達成するために後戻りできない状況を作り、その状況に身を置くのが、最も確実にモチベーションが維持される方法なのだ。痩せたら着てみたいかわいい服があるのなら、その服を買え。痩せざるを得なくしてしまえ。そして毎日その服を眺めるんだ。

モチベーションが維持できる人とできない人の違いは、目標が明確に定まっているか、イメージできているかの違いしかない。この方法はダイエットに限らず、行動を起こしたい場合の方法として勉強や仕事、全ての事にも利用できるだろう。

ステップ2
まとめ

「痩せたらやりたい事」の予定を、明確に決めろ。
そしてその環境に身を委ねろ。

ステップ3

空腹の幻を打ち破る

このステップで伝える事は、もしかすると人類史上最大の発見であり、下手するとテキ村がノーベル平和賞を授与されかねない事実なので心を落ち着かせてから読むように。

なんと、お前は腹が減っていない。これは大事な事なので2回言う。

お前は実は、腹が減っていない。

「いや、おなかが減ってるから我慢できないんじゃん」
「何言ってんのこの人」
「元々頭おかしな人だとは思ってたけど、ついに完全にイカれたね」

よろしい、言いたいことはそれだけだろうか。
諸君も少なからず経験あると思うが、たくさん食べ続けていると胃が大きくなったような気がしていくらでも食べたくなるし、食事制限中だと逆に胃が小さくなったような気がして少し食べただけで満腹になってしまう。

しかし胃は伸縮するため、実は大食を続けている時の胃と小食を続けている時の胃の容量は変わらない。**食べる量は違うのに後者は少量で脳が「腹いっぱい」と感じるだけなのである。**

つまり、「腹は減っていないけど、とりあえず何かを食べたい」「なんか口が寂しい」という状態になっているだけなのである。三度の食事の間に、清涼飲料水やスナック菓子に手が伸びる。食後3時間もあけばすぐ腹が減る。**これは完全にお前らのデブ脳がそうさせている。**

常に食欲を満たしてきてしまったために、腹が減る前にメシを食うのがデフォルトになってしまった。**お前らは酒やタバコのような嗜好品の感覚で、メシを食らう。**腹が減ったから食べる、のではなく、食べたいから食べる。

そう考えると、多くの場合その空腹感は実は幻であることが分かる。しかし心配しなくてもいい。お前らはこれから本当の腹減りの苦しみ、いわば**腹減りのエレク**

トリカルパレードを身をもって知る事となる。 これはもう嫌でも知る。

「いや、おなかが減る苦しみなんか知ってるよ。それが我慢できなくて困ってるんだから。私の空腹は幻なんかじゃない」

いや、真の空腹をお前はまだ知らない。**光の速さで食い物に手を伸ばしてきたお前に、空腹を語る資格はないんだよ。** 俺だって最初は知らなかったさ。俺が本当の空腹を知ったのは、忘れもしない減量中のある日の朝のことだった。

その日、俺は起き抜けにベッドからキッチンへ直行し、冷蔵庫を開けた。何か食べ物はないか、と。冷蔵庫を開けると、一袋のサラダチキンが目に飛び込んできた。なんの変哲もないサラダチキンである。当然パサパサしててうまくはない。**サラダチキンを本気でうまいと思って食べている奴は頭がどうかしている。** そして俺はなんと、前日の夜もサラダチキンと玄米しか食べていなかった。

俺は、サラダチキンが嫌いなのだ。食いたくもないよな？　俺は見たくもない。しかししゃあなし、またコレを食うか……なんだか嫌になってきたな……と思いつつ、手に取り、袋を開ける。そして一口食べた。驚くべき事が起こったのは、その時である。

う、うまい。

これは本当にサラダチキンなのか？　まるでご飯のおかずになるために生まれてきたような味じゃないか、そう思った俺は急に米が欲しくなり、ガクガクと震える脚で炊飯器に駆け寄った。

キッチンに立ったまま、むさぼるようにサラダチキンのせご飯を食べた。食欲が溢れて止まらない。茶碗に子供の拳ほどの大きさに盛ったご飯が一瞬でなくなった。この世のものとは思えないほどに、うまい。冗談抜きでうまい。**うますぎて涙が出そうになった。**

あの嫌いなはずの、薄い塩味だけのサラダチキンが、である。一人、サラダチキンをむさぼりながらキッチンで叫んだ。

「俺はゾンビだ！　俺は今、ゾンビと化している！」

といった具合で、人は本当の空腹に直面すると嫌いなものですらおいしくなるのだ。

例えば、まずは1週間だけ食事の量を減らしてみる。ランチだけ、もしくは夜だけ極端に減らすのもいい（食事について詳しくは第二章で後述する）。週の序盤はコンビニのお菓子コーナー、総菜コーナー、パンコーナー、アイスコーナーなどに自分の意思とは関係なく引き寄せられる。勝手にヨダレが出る。序盤は実に、腹が減る。死ぬほど、腹が減る。とにかく腹が減る。正気の沙汰ではない。

お前は晴れてゾンビの気分が味わえる。バイオハザード的空腹。それでもなんとかここを乗り切る。心を無にして減量食を食す。吉野家でふっくらアツアツに炊かれた大盛りの白飯に、もちろんツユダクで、ジューシーな牛肉と、卵と、それらを絡ませめちゃくちゃにして食べたい。糖質・フィーチャリング脂質の誘惑である。
しかしなぜか豆腐や野菜やサラダチキンを食べることを強いられる。苦痛の極みでしかない。修行僧かよとも思う。

でもここさえ乗り切れば、後半になるにつれてだんだんとカラダが慣れてきて食べ物を見ても「ハハッ煩悩がなんか言ってる」といった具合で第三者目線になり空腹が人ごとのように感じられてくる。

まるで自分を俯瞰するような、それでいて今確実に脂肪が減っている事はなんとなく実感できる、何か幽体離脱的な感覚ですらある。断っておくが、テキ村はスピリチュアルの類いを一切信じない。しかも、驚くべきなのはこれだけではない。
なんと、それまではご飯が大盛りでも足りなかったのに、なんと小盛りでも足りるようになる。これまでがいかに尋常ではない食欲だったかが分かる。基本食い過ぎなんだよ。カロリー大魔神かよ。

お前らはこれからイヤでもこれを体験する事になるが、実際に経験してみるとさぞビックリすることだろう。**テキ村式ダイエットにおいてはこれをデブのブレイクスルー、通称「デブレイクスルー現象」**と呼ぶ。

まあ、要は、慣れてくる。人間が進化の過程で身につけた「慣れ」は偉大である。ここまでくれば、満腹を感じるであろう脳のどこかしらの部分も通常の状態に戻っているだろう。

デブ飯を食らいまくってた頃の半分の量にしても十分満腹になるはずだ。三度食事をしているにもかかわらずの「口さみしい」や空腹感は、ただの幻にすぎないのだ。

常にそのことを頭に入れておけば「おなかが空いたような……あ、今私は幻に脅されている！」と気づくことができ、食べる量も自然に減る。

ステップ3
まとめ

減量食に慣れ、幻の空腹の呪縛から解放されよ。

ステップ4

サプリにダマされるループから抜け出す方法

ここで、お前らに朗報がある。

今日でお前の「ダイエットサプリ蟻地獄」は終わる事になる。これからお前らは効果もないダイエットサプリをとっかえひっかえ買いまくり、でも脂肪はしっかりと残し、金だけを搾り取られるカモの泥沼から抜け出す。

世の中には「○カ月で○キロダウンしたサプリ」や「飲むだけでラク痩せ」といったサプリが掃いて捨てるほど存在する――**結論から言うとこの類いのサプリは、痩せない。**

これについては、これまでもそれらの類いをたくさん試してきたはずのお前らの腹回りがなにより物語っている通りなので、改めて議論する余地はない。

そんなもんを買う余裕があるならスルメイカ100枚でも買った方が1億倍はマシである。女性ファッション誌の最後の広告ページには「このサプリを飲むと痩せる」と、まるで魔法の薬であるかのようにうたっている商品が多すぎる。そして、そういったサプリは「効果がない」とレビュー欄が荒れ、売れなくなるとまた新しいものが発売され、それが繰り返される。永遠になくならない。多くのデブが学ばないからだ。

なぜ、デブはダイエットサプリを買ってしまうのか。それは章の冒頭で書いた通り、デブはことダイエットにおいては「〇〇するだけで痩せる」「好きな物を食べて痩せる」「たったの〇カ月で〇キロダウン」等々の甘い文言を目にすると、思考能力が瞬時に赤ちゃん化するからである**（メタボリックベイビー現象）**。

赤ちゃんは疑うことを知らない。ピュアの塊なのである。だからデブは、それを真に受けダイエットサプリについ手を伸ばしてしまう。そしてそれらに踊らされてきた結果お前らは、見事なまでに立派な脂肪を身に纏い、今、この本を読んでいる。

SNSを信じすぎるのも、また問題だ。特にSNS全盛の現代は、インフルエンサーやモデル、アイドルがえたいの知れないダイエットサプリを「コレおすすめ！たったの3日で脚が細くなったから皆も使ってみてね！」と言い、インスタグラムやツイッターで自分のファンにおすすめしまくる。

SNSという情報の大海原を泳ぐには、その泳ぎ方を知らなければ溺れて死ぬ事になる。

少なくともこれらの投稿を全面的に信用するのは危険この上ないだろう。事実、この俺自身にも数え切れないほどステマ案件（ステルスマーケティング）の依頼が送られてきたことがある。

ステマとは、要約すると「金をやるからうちの会社の製品をオススメするレビューを投稿してくれ。それだけでファンは簡単に買いまくってくれるから」という事である。よくある案件としてはプラセンタや酵素ドリンク、スムージー、エステなどの若い女子が反応しそうな類いのものだ。

写真を添えて数文字書くだけなのだが、これがまたなかなかの高額なので、確かに金のない女子大生インフルエンサーなどは光の速さで飛びつくのだろうな、と思う。

しかし、このマーケティング担当者は俺のブログやツイッターを全く読んでないのだろうか、もし読んだ上で俺に案件を頼むとは、それはそれで中々の猛者である。

とはいえもちろん、

「たった1分で数万円の報酬」

「任天堂ｓｗｉｔｃｈとプレステ4とソフト一式が一瞬で買える」

「うまい棒をお湯がわりにして風呂に入れる」

という誘惑の声が俺の脳の中を往復したのは言うまでもないが、テキ村が着るだけでやせる加圧シャツを全力でオススメし始めるという事は、それはすなわちテキ村の死を意味する。

俺は指をワナワナと震わせながら断った。その後二度と企業からステマ案件が届く事はなくなった。任天堂ｓｗｉｔｃｈと引き換えに死にかけたが、俺は生きた。

ダイエットサプリに共通しているのは、「いかにラクできそうな聞こえであるか」という点である。**ダイエット業界は、デブたちが「ラクそうな」「辛くなさそうな」**

そして「目新しい」うたい文句に惹かれるということを熟知している。

モデル、タレント、美容系のインフルエンサーなどが毎日のように謎のサプリを宣伝してるだろう。**「ラクして痩せる」っていう事を匂わせると儲かるからだよ、チョロイからだよ。ファンを金としか見てない。分かるか、つけこまれてるんだよ。**

ダイエットの現場で実際に体脂肪が落ちていく人が取り入れているのは、実に地味で原始的なものである。そこには甘えも、目新しさも、インパクトもない。「毎日5キロ走ると痩せる」と言われても、「はァ、そうですか」としか思わないだろうが、そこで「たった1か月で美脚になれるサプリ」と喧伝されると、こぞって群がる。人間はラクな方を選択する。

目新しいものは、1つのコンテンツとして成立しやすい。しかもダイエットのメソッドなどは特に、「新しければ新しいほど効果がある」と錯覚してしまう人が多い。

「でもでも、痩せる事はないかもしれないけど、ダイエットサプリを飲んだ方が太るってことはないでしょ？　何も飲まないよりは多少はマシだろうし別にマイナスではなくない？」という声が聞こえてきそうだ。

まぁ、言いたい事は分かる。だがしかし、お前らはすぐそれを真に受け、飲んでない状態以上に甘んじてしまう。そして精神的に依存してしまう。


どうせ外食に行けばカバンに忍ばせた「カロリーをなかったことに」するサプリを飲めばいいと思ってバクバク食うんやろ？

どうせ「食べて痩せる！」サプリを飲んだら好きな物バクバク食っても体重増えないと思ってるんやろ？

どうせ「有酸素運動○分間分のカロリー消費！」サプリ飲んだら本当に走った気になって運動しなくなるんやろ？

どうせそれで体重が増えたら「騙された。もう何も信じられない。ダイエットなんかやめる」みたいに自分も省みずなんもかんもサプリのせいにするやろ？

なにやっとんねん。ホンマに。その大根足がマシになるどころか象の足になるがな。

特にサプリの広告に最近多い、「スッキリさせる」「引き締まる」「ダイエットをサポートする」といった表現には気を付けなければならない。よく見ると、そもそも彼らは「痩せる」とは一言も言っていない事がよく分かる。

だから、痩せなくても文句を言われる筋合いがない。この理論からいくと、そもそもサプリに対して文句を言うのがお門違いなのである。「我々はダイエットをサポートしましたけど、あなたが痩せなかっただけですよね？」というだけの話だ。

「スッキリ」としか言っていないから、とりあえずスッキリすればいいのだ。「スッキリ」が具体的にどういう状況を指しているかは、俺にはサッパリ分からない。おそらく誰も分からない。日本語が完全に崩壊していても良いのだ。ダイエット商品は雰囲気が大事なのである。
聞こえのいいうたい文句に身をゆだねてメンタルを支えようとすると逆に痛い目を見ることになる。今の時代、自分の身は自分で守らねばならないのである。そう、つまりあれだ、自己防衛。

それでも「分かっているけど、やっぱり甘い言葉の広告を目にするとどうしても惑わされてしまいます……」と、打ちひしがれる者もいるだろう。

確かに、再三にわたって注意喚起してるにもかかわらず、甘い言葉に俺のブログ読者たちが少なからず屍にされてきたのは事実である。俺は心の中で、涙を流しながら彼女たちを埋葬してきた。それでもどうしても、これらのうたい文句に惑わされてしまう者はどうすればいいのか。
もうね、これればかりは、失敗体験をする以外に目を覚ます方法はない。**もはやいっそのこと、買って試してみればいい。**

そして屍となれ。

ただし痩せなかった時、その代償は実践した自分に重くのしかかるのだという事を実感せよ。もちろん、ネット掲示板でダイエットサプリの口コミサイトに鼻息荒く怒りの声を書き込んでも、お前の脂肪が減ることはない。

しかし、これを「サプリのせい」で終わらせずに反省し、高い代償として支払った「勉強代」は、時としてどんなスパルタ指導やご高説よりもためになる事は間違いない。長い年月をかけて付けた脂肪を落とす事がどういう事なのか、身をもって思い知ること。

それをくぐり抜けた時お前は、菜々緒も顔負けの強靭なメンタルを持った最強のデブとなるだろう。

ステップ４
まとめ

サプリ広告を見ると、瞬時にＩＱが低下してしまう事を自覚する。最悪、勉強代だと思って買う。

ステップ5

永遠に終わらない「〇〇ダイエット VS.〇〇ダイエット」の戦い

「糖質制限ダイエットは痩せる」
「いや、糖質制限ダイエットは効果が無い。糖質は大切だ」
「それよりもカロリーに目を向けるべきだ」
「いやいや、脂質はむしろたくさん取った方が痩せる。問題は糖質なのだ」

このように「ダイエットの世界においては、互いに食い違う意見のバトルが常に繰り広げられている。

これは、どちらも間違っていないのかもしれない。そして確実に言えるのは、実に不毛だということだ。

俺がもしその場にいたら**全員まとめて干し芋で往復ビンタしているところである。**

なぜなら双方の意見は極めて極端であり、なおかつ一つの側面しか見てないからである。

ダイエットの世界には、ほぼ全ての意見に対して反対意見がある。そして、ボディメイクには目的やなりたい体に応じて様々な側面がある。

「ダイエットの現場」において最も先頭を走っているのは、今も昔もボディビルダー、及びトレーニーである。彼らは無駄に議論をしない。ひたすら自分の考えと経験を基に、ボディメイクに励む。永遠に議論でバトルしているのは、まともにボディメイクをしたことがあるのかすら疑わしい専門家だけである。

ダイエットというのは、人それぞれに合ったやり方というものがある。

例えば脂質制限食と糖質制限食はどちらも体脂肪は落ちるだろうが、食べ物の味・嗜好が全く違う。低脂質食が苦手であれば低糖質にすればいいし、その逆もまた然りである。

ダイエットの世界には多いが、簡単な事をわざわざ小難しく考えることはない。ダイエットに一辺倒の正解はない。**ダイエットは一つの意見に執着したり傾倒したりすると、失敗する。**無理なく継続でき、自分の体に合ったものがあれば、それが正解である。自分なりのスタイルを確立する事が重要なのだ。

毎年のように

２０１７「今一番売れているダイエットメソッド」

２０１８「ついに最強のダイエット本入荷、これこそが究極のダイエット」

２０１９「これまでのダイエットを覆す世界最新のダイエット医学」

というような帯とともに書店のダイエットコーナーが入れ替わる。

実にウンコである。

そしてそれを目の当たりにした消費者が「一体何が正解なの？」と、この争いに振り回されることが最もクソである。クソオブクソだよ。そんなバトルに参戦している暇があるなら鼻クソ丸めてボールでも作っていた方がまだマシだ。

最も問題なのは、小手先のダイエット方法に惑わされて右往左往しているばかりか、何が正解か分からなくなり石のように動けなくなることだ。**そしてあげくの果**

てに「何も信じられない」と勝手にメンタルブレイクしてしまう事である。

なぜ効率ばかり追い求めるのか。何を信じるかは重要ではない。ダイエットは宗教ではない。効率を追い求めてくだらない議論にメンタルを振り回されるのが一番効率が悪い。そもそもダイエットについての論文なんか、毎年ぐらいの勢いで「正しいもの」が塗り替えられていく。

結果を出す人間は、自分の体験だけを糧として目標へ突き進む。そしてその体験は、試行錯誤からしか生まれない。もちろん、痩せるスピードや、より効率のいい痩せ方を見つけ出すのは大切だ。本書にも、実践的なダイエット手法が書かれていないわけではない。しかし、それは己のカラダで試行錯誤してベストなやり方を見つけ出すしかない。ダイエットで重要なのは、自分の体を知ることである。そして他人に依存しないメンタルを持つことだ。

行動も起こす前から体験してもいないダイエット論が「正しいのかな間違っているのかな、もう分からないよ」と迷える子羊、いや、迷える子豚状態になるのでははなく、一刻も早くなにかしらの行動を起こし、それを継続し、答え合わせをせよ。

ステップ5
まとめ

ダイエットの世界はほぼ全ての意見に反対意見がある。悩んで尻込みする時間は無用、試行錯誤して自分に合った方法を確立すべし。

ステップ6

体重計にとらわれるデブをやめろ

たまに、読者よりこんな声が寄せられる。

「こんなに頑張ってるのに体重が落ちません」
「昨日よりも体重が１００グラム増えてしまいました」
「自分では痩せた感覚があったのに、体重測ったら全く減ってませんでした」
「ダイエットを始めてから１週間経ったけど体重全く変わってなかったので、もう諦めます…」

などなど、終いには勝手に挫折しているデブまで出てくる始末。
こういったメールが全国から飛んで来るたび、**俺は怒りのあまりパソコンの画面を叩き割ってしまうため、ついに今年15台目のパソコンを買う事となった。**

声を大にして言いたい。**ダイエットに挑む大前提として、ダイエットの成果を体重だけで判断するな。**数字だけでしか評価できないのは愚の骨頂。

たしかに体重の記録は大事だ。

浮き沈みが見えるよう視覚化しないと平均値が取れない。ダイエットアプリなどで体重を毎日記録していけば、体重がだんだん下がっていることがその平均値によって分かる（ただし、そうした折れ線グラフはあくまでも大局的に見るべきであるが）。

しかしお前らは体重計に乗って「減った！」と喜び、「増えた…」と悲しみに暮れ、いちいち一喜一憂してしまう。１日単位で減っていないと気がすまない者も大問題である。ダイエットには数字よりもっと大事なものがある。

一番大事なのは自分がそれまでどんな行動をとってきたか、あの時アイスを我慢したか、あの日仕事が長引いたけどジムに行ったか、大好きな家系ラーメンを何週間我慢できたか、つまりはそういうことである。

そもそも、筋トレをしながらダイエットを行った場合、筋肉の方が比重が重いため、脂肪が減っていたり見た目がスリムになっていても体重に表れないこともある。**ましてや短期で見る体重の増減は大半が水分の増減である。**

逆に言うと極端な話、仮に体重が増えようがなんだろうが、見た目が痩せていればいいのである。体重計なんぞ、誰の前で乗るわけでもあるまい。

「昨日よりも今日の方が体重が増えていた」だと？　当たり前だろ。いちいち落胆するな。人間は水を飲んだり食べ物を食べたり排せつをしたり汗をかいたりするんだから**水の増減がないわけないだろ、エイリアンかお前は。**

ちなみに筋トレをすると筋肉に水が行き届くため、一時的にむくみ、体重が増えることもある。もしも、**どうしても体重が気になってしまう場合は、1日に最低でも朝昼晩3回は体重計に乗ること。1日に何度も測ることで、体の水分が出たり入ったりしている事が嫌でも分かり、あまり気にならなくなってくる。**

次に、こんなデブを見てみよう。

「サウナスーツ着てランニングをしたら1キロも体重が減った！　ご褒美にケーキでも食べようかな」

もちろん、ランニングをした事は素晴らしい。体重が落ちる事も喜ばしい。やったな。だが、このように体重ばかりに注目して体脂肪に全く目がいっていないデブは気を付けた方がいい。

もしもお前らが俺の前でこんな事を言ってぬか喜びしていた日には、身から出た汗で煮込まれ汗もろとも豚汁になる事となる。**汗、つまり水分を抜いても体重は落ちる事は落ちるが、体脂肪は減らない。**

これはサウナや半身浴も同様である。むくみが取れる事と痩せる事を混同した時、お前はまた一歩デブを極めた事になる。こういったデブは、体重だけが落ちるのを見て喜んだあげく、ご褒美としてケーキを食べるなんて事が普通にあり得るから怖い。

そんなに体重が減るのが楽しいなら、例えば塩分と炭水化物をしばらく抜いてみる。**すると、体から水分が抜けて一時的に体重が落ちる。**残念な事にただ「楽しい」だけで、脂肪は全然減っていないが。モチベーションを保持する、むくみを取る、という意味では役立つ。

どうしてもどれくらいダイエットが成功しているか気になる場合は、腹をつまんで皮下脂肪の厚みを測るのも得策だ。これは水分に左右されにくい。皮下脂肪測定器なども売っている。

いずれにせよ、ダイエットは体重に縛られる事から解放され、本当の意味で脂肪が減ることにこだわり始めてからが本番なのである。

しかし実際、ダイエットには「停滞期」もつきものである。これについては第二章で解説する。

ステップ6
まとめ

ダイエットの成果は「体重」ではなく
自分の「行動」で評価せよ。

ステップ7

自信が持てないデブをやめろ

ダイエットは、往々にして後ろ向きで行うと失敗する。まずは前を向かねばならない。自分の行っているダイエットに対して他人から「そんな事しても痩せないよ」と言われて、自信が揺らぐ人はどのくらいいるだろうか。

俺のブログ読者の中にも、これからダイエットを始めようという中で「どうせうまくいかないんだろうなぁ」「どうせ痩せても顔は変わらないし」などと抜かす者がいる。こういうのが一番いけない。これはダイエットをする以前の問題である。もしお前らの中にもこんな後ろ向きでテキ村式ダイエット道を突っ走ろうとしている者がいれば、俺は迷わずお前に180度転回する勢いで右ストレートをお見舞いする。

若干話がそれるが、読者諸君は、「自信の正体」をご存じだろうか？

よく、「自信が持てません」という人間に対して「もっと自信を持て」「ポジティブに考えろ」と言う人がいる。こういう人はおそらく生まれもって自信があるのだろう。自信についてひとつも分かっていない。**俺から言わせると、この言葉ほど薄っぺらく、そして意味を持たないものはこの世にない。**

確かに言葉で鼓舞されれば一時的なモチベーションは上がるだろう。しかしかりそめの言葉で自信はつかない。**よいだろうか、本当の自信とは「自分が理想のためにどれだけの努力、または行動をしたか、その量」である。**

自信とは、自分への評価の高さである。自分への評価とは、自分がいかに努力したか、行動したか、が指標となる。詰まるところ、「どうせうまくいかないだろう」という自信の無さは、「よく考えてみたらそんなに努力してないし辛い事なんかするつもりもないし、当然うまくいくわけもないだろう」という意味である。

行動が伴っていないと心の底から自分を褒めてやれないため、他人にちょっと何か言われると心の芯が脆く崩れ去ってしまう。**だから根拠のないところに自信は存**

在することができない。

ダイエットに限らず言える事だが、もしも「私、自信持たなきゃ！」と一念発起して自分の中に自信らしき何かが芽生えたとしたら、それは**自信ではなくただの虚勢**である。しかもすぐに消えて無くなる。

自信とは、何もないところから勝手に生まれることはない。

もしも自分の行動（または出した結果）に対し、他人から否定的な評価を受けて自信を無くすとしたら、それはお前自身が妥協している事を心のどこかで分かっているからである。

行動が伴っていないために自信が揺らぐからであり、行動が自信の芯となるからである。

ここで重要なのは、**他人の評価を気にしてはいけない事だ。**自分の中でベストを尽くした人は、他人に何を言われても動じない。なぜならその価値を自分が一番よく分かっているからである。自分が分かっていればいいのである。

つまり本当の意味で「自信を持つ」という事は、すなわち「自分の行動を評価する」ということに他ならない。自信は行動から生まれる。自信は自分の行動に納得したか否か、そのものでしかない。

人間は「本当に力の限りやったか？　妥協してないか？　俺は本当に頑張ったのか？」と、知らず知らずのうちに自分自身に問い続けているのだ。**自信の有無は、そのアンサーである。そこに他人の評価は関係ない。**

そのためにまずは他人の評価を気にすることから抜け出すのが第一歩だ。**例えばSNSで「いいね」を多くもらおうとする事、それ自体が最も自信を手に入れる事から遠ざけていたりする。**

SNSの「いいね」は他人からの評価そのものである。自分が努力とそれに伴う行動をしていれば「いいね」が少なくても多くても関係ないのだ。本当の自信は、他人からの評価を超越したところから生まれる。

逆に、相応の行動をしていないと一番よく分かっているのも自分。自分に嘘は付けない。

ただし、人間は本気で行動に熱を注ぐとそれに対しての他人の評価はクソでしかなくなる。一度持った温度は人から何を言われようと簡単には冷ませない。相応の行動をした人間の自信は揺るぎがないのである。

加えて、過去のことにとらわれるのもまた問題だ。**お前は今後、「今この瞬間の事」以外は何も考えなくていい。**過去について考える、これは一見すると自分を反省できるし、良い事のようにも思える。

しかしこれは、これから行動をしていこうという上で断然デメリットの方が大きい。未来についても同様だ。未来の心配をするな。これから世界がどうなるかなど誰にも分からない。

お前の過去に何があったか、未来に何があるか俺には知る由もないが、今この瞬間、理想に近づくことだけを考える。**それがお前にとってベストであることは間違いない。これは絶対だ。**

今、自分を更に上のステップへ高める何かの行動をしているなら、**お前は確実に最高**なのだ。

ステップ7
まとめ

一刻も早く行動を起こし、
そして行動を起こした自分を認めてやり、
「真の自信」を揺るぎないものとせよ。

第二章 テキ村式ダイエット道 ～食～

ステップ8

「テキ村式ダイエット」実践にあたって

さて、これまで第一章では痩せるためのメンタル、いわば「ダイエットの土台」について書き殴ってきた。ここまで読んでくれたならばダイエットにおいて見失ってはいけない事が理解してもらえたことと思う。

第二章では「考え方は分かったけど、実際に行動としては何から始めればいいの？」という疑問についてひもといてゆく。

ぶっちゃけ、ここまでを熟読すれば「そんな疑問など抱くこともなく今日から少しでも階段を歩くなりお菓子を我慢するなりメシを制限して日常生活でできる事から始めろや」と思うところも山々だが、せっかくなので本書を手に取っている読者には最初の一歩を踏み出す背中を押したい。

ここからは痩せるための具体的な実践的マニュアルとなるものを伝える。

いよいよ苦楽を共にしてきた脂肪たちとの別れの時となるが、脂肪に言い残す事はないだろうか。

その名も、テキ村式ダイエット・食事編である。

これはすでに実践している者も多数おり、ツイッターやインスタグラムなどSNSの間で盛んに投稿されているので「#テキ村式ダイエット」で検索すれば、彼らの具体的な食事メニューの記録なども垣間見ることができるだろう。

「テキ村式ダイエットって、結局は何？」

という話をよく聞く。

解説しよう。

テキ村式ダイエットとは一言でいうと、「血と汗と涙の結晶、努力の塊ダイエット」である。あるいはあえてはやりの「〇〇だけダイエット」に言い換えるなら、「血と汗と涙流すだけダイエット」とでも言おうか。

そう、残念だがなんの新しさもなんの魔法もない。ただ単に空腹と闘い、運動をし、地道に脂肪を落とす。なのでここから先は、「ダイエットのリアル」を知る覚悟を持った者のみ読み進めること。

テキ村式ダイエットとは、ごく簡単にまとめると

①　食事制限（特に炭水化物）をして摂取カロリーを抑えること
②　中でも、タンパク質を豊富に食べること
③　筋トレもしくは有酸素運動（またはその両方）をすること
④　そしてこれらを己の頭で考え、組み合わせ、自分なりにアレンジすること

である。

そして最終的に、痩せやすく太りにくい体を作る事こそがテキ村式ダイエットのゴールだ。その食事編となる第二章では、お前らに①と②を叩き込む。

「何これ、食事制限とか運動とか痩せて当たり前の事ばかり書いてある。なんだかなあ」だと？

俺は今、泣いている。お前の往生際の悪さに涙している。**お前はここまでの時間、一体何を学んできたのか。**そして今更、お前は一体本書に何を期待しているのか。ここへきて何か秘密のダイエットメソッドがあるとでも思ったのだろうか。さすがにデブを極め過ぎだろ。

デブを極めきった、デブエキスパートのお前に今一度言う。お前に必要なのは目先のダイエットメソッドではなく、ダイエットに向き合う「姿勢」である。実は俺はこの本を書き始めた最初から最後まで、当たり前の事しか言っていない。それは残念だが最後まで変わらない。基本的にはトレーニングの世界で常識のように取り入れられている、基礎中の基礎となる内容がほとんどである。

テキ村式ダイエットなんぞというなんだか新しそうな名前が独り歩きしているが、

実は手法自体には特別独自性はない。**テキ村式ダイエットの最も重要なポイントは、そもそも手法ではなくメンタリティにある。**

これから先では具体的な食事例等を列挙していくが、くれぐれも思考を停止させない事を胸に誓って頂きたい。「よく分かってないけどこの本に書いてあったから真似してる」というデブは見つけ次第、養豚場送りとする。

しつこいようだが、ダイエットは自分の脳ミソで考えることから始まる。ダイエットは一元的に「コレだけすればＯＫ」というものはない。逆に言えば表面的な部分はなんでもいいのである。

ここまでをしっかり読んだ読者ならば、細かいやり方はそんなに気にしなくてもいいという事は百も承知だろう。これまで小手先のダイエットテクニックにとらわれ、全てを脂肪に変えてきたお前らにとって最も重要なのは、「情報を得て、自分で考え、取捨選択する」ということである。

強いて言うなら、これからこの第二章で伝える材料を基に、自分を分析し、何が自分に合っているか、痩せるための行動を組み立てる事、考えながらダイエットをする事、考える事そのものがテキ村式ダイエットである。

なので、「〇〇しているだけでダイエットしたい」「何も考えずに言われたことだけやっていたい」「自分じゃ何すればいいか分からないから決めてくれ」というお前らには、今すぐここで一度死んでもらい、新たに生まれ変わってもらうので覚悟すること。

お前らには触りだけ見て理解してもらえたと思うが、全くもって楽しくはない。ラクでもない。ただし例外なく、確実に結果が出る。ちなみに、先に断っておくがテキ村式ダイエットは「結果にコミット」などという次元ではない。むしろ結果の方がコミットしたいです、どうかコミットさせてください、と土下座してくるレベル。そもそも痩せる事しかしてないんだから、コミットもクソもない。

そしてコツは、ダイエットに励む自分を認め、無理やり楽しむのである。自分の

カラダと共にメンタルまで着実に変わっていくことは、とてつもなく楽しい。

たまに「今日もダイエット頑張った自分にご褒美」などと言いながらケーキを食べるデブを見かけるが、俺から言わせれば**ダイエットのご褒美なんてものは確実に変わりゆく自分のカラダ、それが最大の見返りであり、それ以外に必要ないのだ。**

この先俺が伝える事は全て、あくまでも選択肢の一つである。ここからは体形によって取り入れるべき事が変わってきたりもするため、自分にとって当てはまる、重要だと思うページには付箋を貼るなどして自らのダイエットの指針とせよ。

ステップ8
まとめ

自分の体を分析し、
自分に合った食べ方を自分で取捨選択する事こそが
テキ村式ダイエットの最重要ポイント。

ステップ9

「正しく食べて」痩せろ

ダイエットの成功のカギは、正しい食事を制すことにある。
食事制限とは何から始めればいいのだろうか。**まず、手始めに全体の食事の量を減らし、タンパク質を豊富に取ってほしい。**読者諸君の場合、食事全体を減らせばおそらく自然と炭水化物が減るはずである。なぜなら基本的に炭水化物を食い過ぎだからである。

「ランチ食べてません」（じゃがりこ片手に）
「食事減らしたのに痩せません」（まだ3日しか経ってない）
「プロテインを飲んだら太りました」（食事は減らさず）
言い訳は簡単だが、まず前提としてお前が炭水化物を食い過ぎているという現実から目を背けるな。**お前が食い過ぎなければ、だいたいの問題が解決される。**
いいか、お前の脂肪はどこから生まれるんですか協会理事長の俺から一つ聞きたいんだが、逆に食べてないならお前の脂肪は一体どこからやってきたんだろうか。

なにが「光合成でもして増殖してるんですかねぇ」だよ、やかましいわ。地球に優しいかよ。エコすぎるだろ。そうじゃなくて、答えは一つしかない。**シンプルに、食い過ぎ。もしくは食ってることすらも記憶にない。**

俺の経験から話をしよう。インスタグラムを覗いてみるとダイエットに励む女子の嘆きが毎日のように投稿されている。例えば、「最近全然食べてないのに、全く体重落ちない（泣）」という女子大生がいる。

彼女たちのそれ以前の日の投稿を見てみると、パスタ、パンケーキ、タピオカドリンク、クレープ、プリンと一緒に写る写真の数々。うん、映えてるよ。かわいいよな、甘い物。なによりもカラフル。カラフルは正義。しかし俺は、その加工で小顔にしたものの実際はデカい彼女の顔面に、光の速さで鉄拳を浴びせなければいけない。

めちゃめちゃ、食っとるやないか。

どうしたどうした。唐突すぎるだろ、記憶喪失。あと小顔加工しすぎて周りの時空がゆがんでるわ、自重しろ。

「いやいや、その日はその写真に載ってるものだけを食べたってことじゃないの？　だとしたら、一日を通したトータルカロリーは普通の人よりは低いことになるんじゃない？」

例えそうだとしても、いや仮にそうだとすると、もっとひどい。彼女たちは俺の鉄拳の連打に加え、更にトドメのスクリューパイルドライバーを食らう。

カロリーを低くする事ばかりにこだわり、通常の食事を太りやすいお菓子やアイス、糖質の塊だけに置き換えるなどという事は、俺の前では万死に値する。

確かにカロリーだけで見れば、焼き魚定食よりもプリン一個の方がカロリーは低いだろう。しかしここで着目するべきなのは、筋肉は減っていないか、という事である。すなわち、食べているものが高タンパク質であるかどうか、だ。**タンパク質とは肉及び魚。炭水化物とは米、パン、麺。多くの失敗しがちなダイエッターは炭**

水化物を好み、タンパク質を食べなさすぎる。

ここからは少々アカデミックになるが、ついてきてほしい。タンパク質を取らないと一体どうなるか。体重と一緒に大量の筋肉が、減る。筋肉を落とすと何が起こるか。

体重が減っているのに、体脂肪率が全く減らない、もしくは増える。もちろん脂肪も減るので見た目は細くなるが、**行き着く先は隠れ肥満である。細いのになぜか腹に脂肪が乗っている。**

ここまでくると代謝も悪くなり、最初の状態よりも更に痩せにくい状態となる。これはダイエットをする者にとって、正に死を意味する。**もし俺の体にこんな事が起きたらと考えると、その辺のホラーよりも怖い。**

テキ村式ダイエットにおいての食事制限とは、必要な栄養を最低限摂取し、筋肉を減少させず、かつなるべく脂肪だけを落とす食事をすることである。

現代人はそもそも基本的な食事が糖質と脂質に侵されすぎている。

一見、ダイエットに良さそうにも見えるグリーンスムージーや野菜ジュースの類いですら、危ない。まれに糖質がほぼ含まれていない（そのかわり超マズイ）健康的な野菜ジュースも存在するが、おおむねのヘルシーそうなドリンクはそのほとんどが糖質でできている。ビタミンを取りたいならばこんなものを飲むよりも野菜そのものを食べるか、もしくはサプリで取りたい。特にビタミンはダイエットにおいてかなり重要だが、そのためにジュースを飲むのは本末転倒で、ビタミンサプリ数粒でこと足りる。

ステップ9
まとめ

デブの99%がシンプルに太りやすいものを食べ過ぎている。キーはタンパク質だ。

ステップ10

糖質制限か、脂質制限か、食事はこの二つだけで痩せる

いよいよ実際に食事を減らす。ここからは本当に、びっくりするぐらい腹が減る。ワクワクしてきたな。

食事制限のやり方はたった二つ、糖質制限・脂質制限。食事制限から永遠に目を背け続けてきた人間にとって、必要な事はこれ以外にない。**この2つからどちらかを選ぶ、それだけでお前は確実に痩せる。**ただし低糖質にするにしても、ただやるのではなく、コツがある。

少量の炭水化物（糖質）を食べる

1つ目の食事制限法、それが糖質制限だ。**具体的には炭水化物を制限してもらう。**基本、主食は低糖質のものがメインとなる。パンなら低糖パン、米なら雑穀米などだ。麺なら最近だと糖質ゼロ麺などもある。

低糖質食がうまいかだって？　そんな分かりきった事聞くな、**マズイに決まっ**

てる。もしもこの世にデブ飯と同じくらいうまい低糖質食があったら、俺の本なんか出版されていない。

かといって、炭水化物を全く食べないのもまた問題だ。

なぜならタンパク質と同じように、炭水化物もまた筋肉の維持には欠かせないからである。ダイエットをトレーニングと並行して行う場合、筋肉を収縮させるエネルギー・筋グリコーゲンとして筋肉に必要となるため更に重要となる。

糖質とはすなわち炭水化物だが、炭水化物を全く食べないと人間に必要な最低限のエネルギーを補充できない。それに加え、ダイエット中においての炭水化物は満腹感をもたらしてくれる。

そこで、少量の炭水化物を食べる。

また、前提として理解しておいてほしいが、「炭水化物」とは「糖質」＋「食物繊維」で構成されている。本書で言う「炭水化物」は糖質の事を指していると思ってもらって構わない。

しかしながら、デブたちは炭水化物をあまりにも食い過ぎる。**デブの腹八分目は、常人の満腹以上である。デブが満腹なら常人は爆発している。**炭水化物は全く取らないのはＮＧだが、取りすぎはもっとＮＧである。

炭水化物を食べると、体内に糖が吸収され血糖値が上がる。血糖値が上がると「インスリン」という物質が分泌される。このインスリンがデブの元凶である。

このインスリンは、糖が血中に溶けてくると、血糖値を下げるために「糖を別のものに変換しなければならない」と考える。結論から言うと、脂肪に変換される。**食べた糖は脂肪へと変換され、大量に糖を食べると細胞へどんどん脂肪を構築していくのだ。**

血糖値を抑えるためには、炭水化物はごく少量でいい。炭水化物を減らせば少なからず筋肉の減少も起こるだろうが、少量にしないと、そもそも痩せない。

具体的に本書が提案する糖質量としては、減量期間中なら女性の場合１日１００

グラムほどだ。これは炊いた白米であれば軽く盛った茶碗2杯分ほどに相当する。玄米ならば白米より糖質量は減るので少し多く食べられる。男性なら1日120グラムだ。

1日80グラム（白米なら茶碗1杯半）まで制限すればかなりスピーディに痩せる事ができる。例えば1日3食のうち、1食から完全に糖質を抜いてしまうのもアリだろう。これでもかなり辛いが、アスリートやトレーニーは1日40グラム、またはそれ以下まで制限する人もいる。ここまでくると、いよいよ野菜や調味料の糖質にまで気を使う必要が出てくるが、脂肪の減り方も尋常ではない。

このように糖質制限をする場合、肉や魚等の脂質はよほど脂っこくない限り普通に食べても問題はないので、オカズは普通においしいものが食べられる。なので、焼き肉はたまにならOKだ。揚げ物だって時には食べられる。チキンならむしろ良い。ラーメンはダメ。丼系もダメ。急にやれと言われてできる者も少ないと思う。徐々にでいい。徐々に、焦らず、食事を減らしてゆく。

なお、ダイエットの期間に余裕があるという者は上記の糖質量よりも多少オーバーしてもゆっくり痩せる事はできるだろう。**1日の糖質摂取量は無理なく継続でき、なおかつ脂肪が減るのも体感できる、自分に合った量を見つけるのが重要だ。**

ここで一つ忠告しておくが、**くれぐれも糖質制限中には用もないのにコンビニの菓子パンコーナーへ行かない事。**さもなくば、脳の食欲を感じる部分がヤバイ分泌物か何かを大量に放出し頭がおかしくなりそうになる。正気を保てという方がおかしい。この時ばかりは自制できる者も少ない。ならば最初から不用意に足を踏み入れないこと。

しかし上記のように糖質を制限しても痩せない人がいる。それは多くの場合、制限しているつもりでも糖質量を間違えて食べ過ぎている場合、糖質は制限できているが脂質を取り過ぎてカロリー過多になっている場合や、停滞期によって体重が落ちない等考えられるが、そもそもその量まで抑えても痩せない人もいるかもしれない。

それはダイエットに失敗したという事ではなく、「まだ自分の脂肪が落ちるレベルの食事制限に達していない」という脂肪の損益分岐点を発見できたという事なのである。

ならば次は更に少しずつ制限するだけのことである。つまり、着実にステップを進めている。炭水化物は人によって適正量が異なるため、試行錯誤を繰り返して自分に合った量を調整せよ。炭水化物は食べなさすぎるのも、食べ過ぎるのもまたNGな、非常に気難しい栄養素なのだ。

ちなみに全く糖質を摂取しない生活を一定期間続けると「ケトン体」と呼ばれる、糖に代替するエネルギーを作り出せるようになる。これを利用した「ケトジェニックダイエット」という方法も存在するが、ハード過ぎる&栄養管理にかなり気を使うためダイエット入門者向けの本書では省く。

どうしても糖質を食べたくなったら、筋トレ直後に食べる

「私は定期的に糖質の塊、具体的に言うと不二家のケーキが食べたくなります。これは生理現象なので我慢するとかしないとかいう問題ではありません。週一の不二家のケーキを我慢すると、最悪、心不全を起こして死に至ります」

というお前のような最終ステージに突入したデブには、特別に不二家のケーキを食べる事を許す。ただし一つ条件がある。**ケーキを食べる前に、ハードな筋トレで動けなくなるまで筋肉を追い込むこと。**

ここでいう筋トレとは、3分程度の足パカ体操やテレビで流れている簡単ラクラクエクササイズのことではない。例えばスクワットなら最高だ。1セットを限界まで行うとして、5セットは最低でもやってほしい。

すると、初心者ならほぼ動けなくなるだろう。これが「筋トレ」である。この、「動けなくなるまで」というのがミソなわけだが、筋肉を繰り返し運動させ、筋肉の中のグリコーゲン（筋肉を動かすエネルギー、糖）が大量に消費されることでその

後に摂取する糖質がグリコーゲンになりやすくなる。糖が筋肉とトゥギャザーするのだ。

つまり、ハードな筋トレの直後に糖質を食べると、糖が脂肪になりにくくなる。

しかしこの場合グリコーゲンとして蓄えられる量はごく限られているため、**くれぐれも食べ過ぎは厳禁である。**もちろんダイエット中、ケーキは「食べない」に越したことはない。

このように筋トレは、消費カロリー以外にも様々な面でダイエットに貢献するのである。筋トレを行う人と筋トレを全くしない人であれば、どちらが痩せやすいかは明白だ。

脂質を制限する

「炭水化物は絶対に食べたいんです。その代わり、油っこいものは我慢できます」**そんなお前には糖質制限よりも脂質制限が向いている。**個人的にはダイエットをする場合、まず糖質を制限する事を推しているが（食べ物がうまいため）、どうしても炭水化物を減らせない者には脂質制限を推す。

脂質は1グラムあたりのカロリーが最も高い。脂質は1グラムで9キロカロリー、タンパク質・炭水化物は1グラムあたり4キロカロリーである。ちなみにタンパク質は食事誘発性熱産生が最も高いので最も太りづらい。

つまり脂質をカットするのもまた、ダイエットの方法としてはかなり近道なのだ。脂質制限のメリットは「比較的、量を食べられる」そして、「筋トレと相性が良い」ことだ。

脂質制限の場合、米は並み程度に食べることができる。その代わり、**脂質はほぼ全カットだ。**オカズにジューシーさを求めることは許されない。外食の際も、食べられるメニューを探すのは少々困難だろう。

例えば、パッサパサの鶏肉や一切油分のない肉を食べることを強いられるが、白米は普通に食べられる。口中の全ての水分が持っていかれるが、そこは耐える。豚肉や牛肉も脂身はもちろん全て取らないといけない。

麺類も食べられるが、脂質がないものに限る。例えば蕎麦なんかは常に食べられる。**鶏ささみ乗せ蕎麦などがあれば、最高だろう。**ラーメンやパスタは一切食べられない（ノンオイルラーメンがあるなら話は別だが）。野菜にマヨネーズをかけるのは禁忌。絶対ノンオイルドレッシング。

どれを選ぶかは自分次第

このように、自分のやり方や好みの食事が糖質制限、脂質制限どちらに合うのかで自分のダイエットの方針を選択すればいい。テキ村式では、ダイエット初心者には糖質制限を推す。あまり難しく考えずに実践でき、物理的にも簡単だからだ。何より失敗しようがない。

昨今では「糖質制限と脂質制限どちらが正義か」などと議論されているが、ダイエットの現場に身を置く者から言わせるとどちらも正解である。ダイエットが日常茶飯事なトレーニーは、自分の体の調子や味の好みによって適宜選択しているのである。

ステップ10
まとめ

糖質制限か、脂質制限か、選ぶ基準は自分の食の好みだ。

ステップ11

自分の消費カロリーを可視化し、カロリーを制す

糖質制限も脂質制限も、結局はどちらもカロリー制限につながってくる。

では、一日の総摂取カロリーはどれくらいに設定すればいいのか。**それは自分がどれくらいの期間でどれくらいの体重を落としたいか、によって異なってくる。**

人間の脂肪は1kg落とすのに7200キロカロリー消費する必要がある。例えば1カ月後までに脂肪を2kg落としたいのであれば、1カ月で14400キロカロリーを減らせばいいわけだ。どんどん細かくしていく。これを1日当たりに置き換えると、480キロカロリーである。

つまり毎日480キロカロリー、マイナスされれば1か月で2kg痩せることができる。仮に自分の一日の総消費カロリー（これに絶対の正確な数字はない）が2000キロカロリーだとすると、480キロカロリーを引いた数値、つまり1日1520キロカロリーまで食べても1カ月で2kg痩せられるということになる。

これを自分の総消費カロリーに当てはめて考えるだけである。まずは自分の基礎代謝をはじき出す。

ハリス・ベネディクト方程式（日本人版）

男：66＋（13・7×体重kg）＋（5・0×身長cm）−（6・8×年齢）

女：655・1＋（9・6×体重kg）＋（1・7×身長cm）−（7×年齢）

※（松本健太郎『データサイエンス「超」入門 嘘をウソと見抜けなければ、データを扱うのは難しい』毎日新聞出版、二〇一八年）

この計算、クソ面倒くさくない？

これは**体重や身長を入力すれば簡単に計算できるサイトが多数ある**ので後ほどググること。誤解しがちなのは、基礎代謝＝総消費カロリーだと思ってしまうことだが、基礎代謝は日常での運動量が一切計算に入っていない。つまり呼吸、生きてるだけで消費するカロリーだ。

総消費カロリーは、先ほどで出た自分の基礎代謝に、「活動レベル」を計算に加えることによって分かる。活動レベルは一日の生活でどれくらい歩いたり、立ったり、走ったり、動いているかの運動量を表すものである。この数値を基礎代謝にかけると総消費カロリーが分かる。以下は参考例である。

活動レベル

レベル1…×1・2（全く運動をしない、座位の仕事など）
レベル2…×1・375（日常的な運動をする、立位の仕事など）
レベル3…×1・55（週2〜3日ほどハードな運動をする）
レベル4…×1・725（週4〜5日ほどハードな運動をする）
レベル5…×1・9（ほぼ毎日ハードな運動をする）

※この「活動レベル」を少しでも盛るとデブが悪化するため、絶対盛らないように。

これで導き出た数値が、毎日の総消費カロリーである。例えば、基礎代謝が1500キロカロリーで活動レベルが2なら、1500×1・375となるため、総消費カロリーは2062キロカロリーとなる。だいたいの人の活動レベルが1か2になるだろう。摂取カロリーを総消費カロリー以下にすれば、痩せるし、それ以上にすれば、太る。これをメンテナンスカロリーとも呼ぶ。摂取カロリーをメンテナンスカロリーにすれば体重が維持される。

ちなみに糖質制限の場合、食事管理アプリなどで食べた食事を入力すると、タンパク質・炭水化物・脂質の三大栄養素のバランスを示す三角形グラフが、綺麗に鋭角になるため「ホントにこれで合ってるのか？」と思いがちだが、それでいい。

糖質制限は炭水化物が極端に減り、その代わりに脂質がカロリーの半分くらいを占めることになるので、三角形のグラフは絶対に尖る。**逆に尖らないと、それは成功していない。**

また、どのダイエットにも言えることだが、糖質と脂質の塊である丼物やラーメンなどは絶対に控えて頂きたい。糖質と脂質を同時に、しかも一度で大量に取ることはダイエットをする上では死を意味する。トランプで言えばジョーカーである。必ず死ぬ。

何も食べないのはもう最悪

夏のある日、妻がダイエットを始めた。夕飯の時間、食卓を囲むが皿に一切手を付けようとしない。それどころか箸も持たない。俺はどうしたの、食べなよ、と言うと、

「水着着るから、今日から晩ごはんは何も食べないの。」と言う。

ふむ。

俺は目をつむり、テーブルに箸を置いた瞬間「ッシャアオラー！」と叫び、井上康生もビックリする一本背負いをキメた。泡を噴いて失神した妻に向かってこう言い放った。

「お前は、戦う前から既に負けている!!」

このように「食事制限」と聞くと、すぐに断食しようとする「ダイエットはじめると突然何も食べなくなるマン」が必ず現れる。これはテキ村的には完全にＮＧで

ある。**何がNGかって、摂食障害になりかねない。**一口に食事制限といっても、ただ単に「食べない」のはもはやダイエットではない。

何も食べないダイエットは当然体重こそ落ちるが、その本来の意味ではダイエットとはほど遠い方向へ向かっている。**「何も食べない」はただの逃げである。ダイエットから逃げるな、戦え。**

では具体的な食材は何を食べればいいのか？　について次のステップで解説する。

ステップ11
まとめ

まずは自分の消費カロリーを知り、
落とすべき脂肪をカロリー計算によって可視化せよ。

ステップ12

ダイエット食材ベスト45

今からお前らには、問答無用で以下の45食材を暗記してもらう。断ることは許されない。算数の授業では九九を暗記させられたように、食事制限をする上では呼吸する感覚でこれらの食材を食べている状態にならねばならない。

・炭水化物
玄米・五穀米・黒米・干し芋・オートミール・蕎麦

・肉
サラダチキン・鶏モモ肉・鶏むね肉・鶏ささみ・豚ヒレ肉・牛ヒレ肉・ラム肉・ローストビーフ・鶏卵・卵白

・魚介
アジ・イワシ・サケ・マグロ赤身・タイ・ノンオイルツナ缶・サバ・ホッケ・シシャモ・エビ・イカ・タコ・アサリ・ハマグリ・ホタテ・タラコ（うまい）・カニ・カマボコ・カニもどきカマボコ

・野菜、豆類
ブロッコリー・ホウレンソウ・モヤシ・アスパラガス・豆腐・納豆

・飲料、その他
ギリシャヨーグルト・無脂肪乳・お茶全般・水（常時飲め）

以上、低GI・低脂質・高タンパクの食材を列挙した。これが全てではないが、細かく挙げるとキリがないので以上とした。無論、これ以外を食べてはならないという意味ではない。逆にこれなら大量に食べまくってもいいという意味でもない。あくまで食事制限中のベース食である。ここから、何を食べ、何を食べないか自分で組み立てるのだ。

糖質制限だろうが脂質制限だろうが、炭水化物を取る上で低GI食材を食べるに越したことはない。「GI」とはグリセミックインデックスの略で、血糖値の上がりやすさを示している。GI値が低いほど血糖値が上がりにくく、ダイエットに適していると言える。

今は食材名を入れればインターネットで簡単にＧＩ値を調べることができる。ちなみに70以上は高ＧＩとされている。例えば白米のＧＩ値は80を超える。

糖質制限・脂質制限に限らず、白米を玄米や雑穀米に置き換えるのは最高だ。

精製された炭水化物の代表例である白米は、炭水化物以外の余計な部分が除外されているので血糖値が上がりやすく、太りやすい。玄米は胚芽などの繊維部分が取られていないため、白米よりもおだやかに吸収される。

その上、ビタミンやミネラルなどを始めとする全ての栄養素が白米に比べるとかなり多く含まれており、**食物繊維量に至ってはおよそ5倍になる。**

肉は全て高タンパク、そして糖質がほぼゼロである。糖質制限の場合は肉全般食べてもＯＫだが、牛・豚バラ肉などはあまりにも脂質が多いため、調理油が加わる事を考えるとなるべくなら鶏肉、ヒレ肉を食べたいところ。

魚以外の**魚介類は、基本的には全て低糖質・低脂質・高タンパクだと思ってもらって差し支えない。**イカやタコのおつまみ食品は間食や腹を満たしたい場合にかなり活用できる。お菓子にはなるが、『よっちゃんイカ』も実はかなりいい。青魚以外の魚も低脂質でカロリーも低く、栄養価が高いが、サバなどの青魚でもオメガ3が豊富に含まれているため制限する必要はなく、むしろ積極的に食べるべきである（とはいえトータルカロリーには注意）。

缶詰も実はかなり役に立つ。サバ缶、ツナ缶、焼き鳥缶、イカ缶など、缶詰はおおむね栄養価が優れており、しかも低カロリーだ。**玄米を茶碗に半分ほど盛り、サバ缶と納豆をおかずに、味噌汁と漬物を添えれば「最強・テキ村式和朝食」の出来上がりだ。**

納豆など大豆製品は高タンパクであることが知られているが、栄養成分表を見ると炭水化物も若干多いように見える。が、実はその半分以上が食物繊維であり糖質は少ない。

野菜全般は基本的には太りにくいと考えていいだろう。**これも一応炭水化物に分類されるが、ほぼ食物繊維と水で構成されているので炭水化物であって炭水化物でないようなものである。ただし芋や根菜は糖質が多いので注意。**

ブロッコリー、アスパラガス、ホウレンソウなどは積極的に食べたい。特にブロッコリーにはタンパク質・ビタミンなどの栄養もさることながら、ミネラルも多く含まれているため多くのアスリートからも好んで食されている。**ビタミンBはタンパク質を代謝するために必要な栄養なのでテキ村式ダイエットにおいては必ず取る事。**

このように「炭水化物」としか明記されていないものはその中で糖質がどれだけの量を占めているかを見極めるのも重要である。

ダイエット中の飲み物は基本的にはお茶、水以外飲むべきではない。精神衛生的にたまにはジュースも飲むのもよいが、全てのジュース（市販の野菜ジュースを含む）は砂糖と糖質の塊であり、それでいて腹が膨れるわけでもないので**ダイエットにおいて飲むメリットは全くない**事だけ心に刻んでおくこと。

無脂肪乳は、ほぼプロテインドリンクのようなものなのでまだ飲んでもいい、が、糖質が若干含まれているためこちらも糖質制限中の場合は飲み過ぎには注意したい。デザートだが、今日からお前のデザートはギリシャヨーグルトに決定される。ギリシャヨーグルトは無糖だと正に完全無欠なダイエットデザートだが、最悪フルーツソース付きのものでもカロリー的にはさほど問題はない。

「じゃあ今後、白米は一切食べない。その代わり今日からお米を玄米にして毎日大盛で食べよう。ダイエット生活の始まりだ！」だと？

ここへきていまだに極端な思考を持つお前は、俺から長距離弾道ミサイルをぶっ放たれ家もろとも木っ端みじんとなり無事即死する。よいだろうか。食事はバランスが全てである。０か１００かの考え方は今すぐやめて頂きたい。

白米を未来永劫食べない、玄米なら大量に食べてもいい、これは大きな間違いだ。玄米も大量に食べれば、もちろん太る。少量ならたまには白米もいいだろう。あくまでも「白米よりも玄米の方がベター」というだけの話なのだ。

「ではこれからダイエットを始めるにあたって、人口甘味料や砂糖を一切摂取しない事にしようと思います。もちろんジュースは一生飲まない。食材には添加物が入っていないかを一つ一つ確認します。ダイエットにとっても健康にとってもいいことですよね？」

なるほど。考え方がいちいちオーバーなんだな。当然、オーガニックで無添加の、健康的な食事を食べるのは「良いこと」に間違いはないだろう。ジュースを全く飲まない、素晴らしい。もちろんいきなりそれができるなら、それに越したことはない。

しかし問いたい。果たしてこれまでポテチを食いまくっていた人間にそれが現実的に可能なのだろうか、と。その反動がきた時の責任は取れない。しかも今時、添加物が完全にゼロのものだけで食事をするのもまた困難を極めるだろう。

全オス界の頂点に君臨する男、刃牙の父親・範馬勇次郎は以前こうも言っていた。「防腐剤…着色料…保存料…様々な化学物質、身体によかろうハズもない。しかし、だからとて健康にいいものだけを採る、これも健全とは言い難い。毒も喰らう、栄養も喰らう。両方を共に美味いと感じ――血肉に変える度量こそが食には肝要だ」(板垣恵介『範馬刃牙30』秋田書店、二〇一一年)と。

質のいい食事は大切だ、しかしそればかり意識して心が疲弊してしまっては元も子もないのである。

ステップ12
まとめ

基本食材をベース食として、時に食べたいものを食べ、時に節制し、己でメニューを調整せよ。重要なのは「栄養の平均値」をいかに高め、「カロリーの平均値」をいかに抑えるか、要はバランスである。

ステップ13

プロテイン無しのダイエットはハードモード過ぎる

さて、北川景子でもないのにプロテイン無しでダイエットに挑もうとしている無謀なハードモードデブはこの中にいるだろうか。**もしも読者諸君の中に「あ、私北川景子なんですけど」という者がいない限り、今日から全員プロテインを飲んで頂きたい。**

プロテイン無しでダイエットに挑むというのは、武器無しでラスボスと戦う事に等しい。というか、これから食事制限をする上でプロテインはほぼ必須である。

「えっ、プロテインとかガチ勢が飲むやつじゃん。私、アスリート目指してないんですけど」

「うーん。プロテイン飲むと太るって聞いた事もあるし、あまり気が進まないなぁ」

「とりあえずムキムキになりそう。マッチョにはなりたくないんだよね」

そんなお前らには、鼻血の代わりにプロテインが出るほどプロテインの正しい知識をたたき込むので覚悟して頂きたい。いいだろうか、「プロテイン」とは**「タン**

パク質」を英語にしたものである。つまり「タンパク質」そのものを指している。

プロテインになじみがない者にとっては「ムキムキになりそう」「太りそう」など様々な印象が浮かぶことと思うが、これらの心配は全て無用である。なぜなら、プロテインはお前らを含む全人類が日々食べているからだ。

更に分かりやすく言うと、魚やイカは泳ぐプロテインであり、鶏肉は羽の生えたプロテインであり、卵はプロテインから生まれたプロテインであり、牛乳は牛から出るプロテインである。ちなみに牛も、ほぼ全てプロテインである。

つまりプロテインを食材で取るか、プロテインをプロテインで取るかの違いしかない。

また、ただ「プロテインを飲む」と言ってもトータルカロリーを抑えることが大前提である。例えば、食事の一部とプロテインを置き換えたり、間食としてプロテインを飲む。要はプロテインダイエットである。

プロテインを利用してダイエットする事は、ダイエットの基本中の基本であり、もはやアスリートやボディメイカーのスタンダードでもある。ここから全てがスタートすると言っても過言ではない。

ダイエット中のプロテインは、メリットしかない

「でもプロテインとか普通の女の子が飲んでたらヤバくない？」とか言い出す女子を、三億人くらいは見てきた。

言っておこう、むしろプロテインも飲まずにダイエットしようとしてるお前の方がはるかにヤバい。

プロテインも飲まないくせに、「我慢する必要一切なし、飲むだけで理想のボディへ」とうたう**怪しさ120％のダイエットサプリを買って痩せようとしている女子は、完全にネギ背負ったカモ、いや脂肪を抱いたカモ以外の何者でもないし、かなりヤバい。**ここではプロテインのメリットと必要性をお前にたたき込もうと思う。

ここで重要なのは、「プロテインを飲む」＝「痩せる」ではないということだ。食事制限をせずモリモリ食いまくればタンパク質も十分に取れるため、プロテインなんか飲む必要はない。しかし食事制限をすると全体の食事量とともに、どうしてもタンパク質の摂取量が特に少なくなってしまう。

もちろんサラダチキン食いまくりの男子ダイエッターや、他の食材で十分なタンパク質を取れている者はこの限りではない。**が、俺のブログを通じてメールで相談してくるダイエット女子を見る限りほぼ全員足りていない。**

ましてやタンパク質を取らないとどうなるかは前のステップで解説した通りなのでここでは省く。

サラダチキンの一つでも食べればまだいいが、サラダチキンを毎日食べるのは多くの女子にとって抵抗があるだろう。そう、大半は続かない。そこで、プロテインの出番である。**プロテインをたった1杯プラスして飲めば、全てが解決する。**

更に分かりやすくしてみよう。目安としては、ダイエット中のタンパク質は一日にできれば体重1キロあたり1・5グラムくらいを取ってほしい。例えば体重が60キロであれば「60」に1・5グラムをかけるので、90グラムのタンパク質を取ればOKである。体重が50キロなら75グラムだ。筋トレ・有酸素運動をしていれば体重1キロにつき2グラムほど取るのもいいだろう。

タンパク質80グラムを食事から逆算すると、豚肉なら約500グラム、魚なら約400グラム食べる必要がある。ただでさえ全体のカロリーを抑えなければならない中、この量を食べるのが果たして可能だろうか。

例えばこんな1日の食事があるとする。

・朝　ブランパン・ハム卵サンド、スープ、ヨーグルト
・昼　蕎麦少なめ、野菜サラダ
・夜　肉野菜炒め、ご飯軽め、味噌汁、漬物

これはごく一般的な、ダイエット中の食事例である。栄養的にも悪くはないだろう。かなりバランスは良さそうだ。では次にこれらのタンパク質量を見てみる。カッコ内がタンパク質量である。

・朝　ブランパン・ハム卵サンド（10グラム）、スープ（2グラム）、ヨーグルト（4グラム）
・昼　蕎麦少なめ（10グラム）、野菜サラダ（2グラム）
・夜　肉野菜炒め（14グラム）、ごはん軽め（3グラム）、味噌汁（2グラム）、漬物（ほぼ0）

タンパク質合計、47グラム。

いかがだろう、この一見バランス良さげな食事ですら、タンパク質が全く足りていないのがお分かり頂けるだろうか。更に食事量を減らしている人や、ましてや若い女子がやりがちな、「今日のランチはタピオカアイス1個だけで我慢した（笑）」とかいうのをやってしまうと更にタンパク質量は減り、もれなくダイエットに失敗することだろう。

しかし、ここにきてプロテインの登場である。**プロテインはたった1杯シェイクして飲むだけで15～20グラムのタンパク質が取れる。このお手軽さがまず一つ目のポイントである。**

自分の1日に摂取しているタンパク質量を計算し、食後やオヤツ代わりに1日1杯～2杯飲む。たったこれだけで、十分なタンパク質が取れる。**更にプロテインは、特にダイエット中に絶大な力を発揮する。なんと、腹が減らなくなる。正確に言うと、空腹感・食欲がまぎれる。**

これは第一章で伝えたメンタル的な意味合いではなく、科学的にも証明された事実である(アメリカ国立衛生研究所　https://www.ncbi.nlm.nih.gov/pubmed/20456814)。

例えば、食事を食べたのにもかかわらずすぐにおなかが減ってしまうことがある。だからといってポテチを食べたらデブが悪化する。しかしポテチが食べたくてたまらない。ポテチの悪魔的なうまさを想像すると震えてすらくる。

そんな時の緊急避難的対応として、ホエイプロテインを飲む。もちろん飲んだ直後は食欲は抑まらないだろう。だがしかし数分後には、あれだけ震えるほど食べたかったポテチへの執着心も不思議と和らいでいる。腹が減ったらプロテインを飲む。**この裏ワザを知っているだけで、ダイエットの成功率は劇的に上がる。**

「でもプロテインってまずいんじゃないの？」という声もたまに聞く。

いやいや、**最近のプロテインはかなり進化している。**確かにひと昔前までのプロテインは、シェイクしても**全く溶けない上に一口飲むと吐き気を催すほどのシロモノだった。**そう、正に「我慢して飲む」ものだった。なので「プロテイン＝マズイ」というイメージがあるのは当然の成り行きではある。

しかし今は違う。**昔に飲んだプロテインの味やイメージをいまだに引きずっている人は、多大なる損をしている。**俺も以前はその一人だった。最近の、味が進化したプロテインを飲んだ時の衝撃は未だに忘れられない。

フレーバーも多岐にわたり、もはやココア味プロテインはミロだし、イチゴ味プロテインはストロベリーシェイクだし、チョコレート味プロテインはスタバで出てくる何かだ。氷を入れて飲むと更にうまい。しかし、中にはいまだにマズいものもある。マズいものは、信じられないくらいマズい。ゲ○味みたいなものもある。むしろ○ロ味を完全に再現しているシロモノすらある。

味ばかりは個人の好みがある。今となってはグーグルで検索すればいくらでもおいしいプロテインのまとめ記事が出てくるのでそこは自分で取捨選択すること。ちなみに俺の公式ブログでも個人的にうまいと思うプロテインやおいしい飲み方が数多くまとめられている。「テキーラ村上　プロテイン」で検索し一読してみてほしい。

「プロテインを飲むなら、運動しないと逆に太るって聞いたんだけど」

プロテインに関する誤解として最もよく聞くのがこれなんだが、これはおそらく

「プロテイン＝マッチョが飲むもの＝だから運動しないと脂肪になる」というイメージから生まれた誤解だろう。

あとは「カロリー制限下」という大前提を見落としているのもあるだろう。カロリーを制限し、その上で炭水化物をプロテイン（タンパク質）に置き換えているのに太る、とは**実にスピリチュアルな話ではある。**もはやミステリーの域だろう。

言うまでもないが、テキ村式ダイエットではプロテインは食事制限と並行して飲む事を大前提にしている。もちろん食事制限をせず、ラーメン&炒飯セット大盛を食いまくりつつ更にプロテインを飲めば、それは確実に太るだろう。純粋にカロリーがプラスオンされるわけだから。もちろんプロテインにもカロリーは存在する（1杯100キロカロリー程度）。

しかし本書ではあくまでもプロテインはダイエットをサポートするために利用す

る。**それは時にポテチの代わりになるし、甘いものの代わりになるし、食欲を抑え食べ過ぎの防止になるし、時に筋肉の維持になり、結果として痩せやすくなるのだ。**

つまり本書に沿ってプロテインを活用すれば、プロテインによってカロリーが更に増える、または太るという事は絶対にあり得ない。これは痩せる魔法でもなんでもなく、冷静に考えれば分かることなのだ。

プロテインの種類と選び方

プロテインの種類や選び方についてだが、ひと口にプロテインといっても、その種類はたくさんある。プロテインは大きく3つに大別される。

吸収が速いホエイプロテイン、吸収が遅いカゼインプロテイン、植物由来のソイプロテインである。巷《ちまた》で売っている多くのプロテインはホエイプロテインだ。

更にホエイプロテインは**WPIとWPC**とで分けられ、WPIの方がタンパク質の純度が高く、乳糖も少ないため良質であり、一般的に価格も高い。WPIは乳製品で腹がゆるくなる人（乳糖不耐症）でも飲める。

「おすすめのプロテインはなんですか？」という質問がよく見られるが、それは人によって違う。

結論から言うと、**運動と並行してダイエットする場合はホエイプロテイン、運動をしない場合はカゼインプロテイン・ソイプロテインを選べばいい。**もっと言うと、筋肉もあってメリハリある体になるのが理想ならホエイプロテイン、とりあえず痩せたいならカゼイン・ソイプロテインだ。

ホエイプロテインは吸収が速く、トレーニング直後に飲むことでその真価を発揮する。**味もおいしいものが多く、とりあえずホエイプロテインを選べば失敗することはない。**

カゼインプロテイン・ソイプロテインは吸収が遅く、消化器の中で滞留する時間が長いため、食事の置き換えや食事制限をハードに行う者にとってベターであると言える。ただしカゼインやソイはホエイに比べると味が劣るため、そこだけは留意したい。味の好みもあるし飲みやすさは人によって異なるが、「おいしさ」の優先度が高い場合は迷わずホエイプロテインを選ぶべきだろうと思う。

もう一つ、プロテインを選ぶときに大事なのは糖質とタンパク質のバランスである。プロテインには糖質が多く含まれているものからほぼ糖質ゼロに近いもの、糖質が多いものまで多岐にわたる。

ダイエット、特に糖質制限に限っていえば、基本的には糖質は少ないものを選ぶべきである。しかし糖質が若干多く含まれているプロテインも、必ずしも悪というわけではない。例えばヒョロガリ体形の人は糖質入りのプロテインを摂取すれば、筋肉とカラダのボリュームを増やしつつバランスのいい体作りができる。また、食事の一部をプロテインと完全に置き換える事を考えている人も、糖質がいくらか含まれているものがベターかもしれない。

逆に、糖質は食べたいけれど日頃我慢しているという人は、わざわざ糖質を含んだプロテインを取らなくてもいいだろう。そういう人は限りなく糖質がゼロに近いプロテインを選び、食事の中で食べたい物から糖質を取ればいい。「プロテインで糖質10グラム取るくらいならその分ご飯を食べたい」という人だ。さらにここで選択を迷わせるのが、やはり味である、基本的には糖質が多いプロテインの方が、うまい。

したがって「糖質が含まれているプロテインはダメなんですか?」と聞かれても、それは本人次第としか答えようがない。

まとめると、これからプロテインを飲むにあたって大事なのは、「ホエイプロテインかカゼインプロテインか」「栄養成分表をしっかりチェックする」「その上で自分の生活に合ったものを選ぶ」、この3点である。

プロテインの飲み方

痩身目的でプロテインを飲む場合は、

①　起床時、朝食の代わりに飲む。
②　とりあえず腹が減ったら、おやつ代わりにプロテイン飲んで空腹感をごまかす。
③　筋トレを並行してる場合は、トレーニング直後・夜寝る前に。

といった具合だ。**おすすめは、全体の食事量を減らして間食代わりに飲むことだ。**カロリー管理が面倒な場合、1回分の食事を丸々置き換えるのもいい。トレーニングと並行して飲む場合、**トレーニング後、就寝前に飲めば遺憾なく効果が発揮される。**

特にトレーニング直後、1時間以内、できれば30分以内に飲むと効果的だといわれている。しかしトレーニング直後といっても、トレーニングが終わって休む間もなく本当にすぐ飲んでしまうと、血液が消化に回らず吸収が遅れてしまう恐れがあるので、数分ほど経ってから飲む事。**筋トレの後に有酸素運動をしている場合は、**

有酸素運動の後に飲む事をすすめる。

1日2杯ほども飲めば減量中でも充分なタンパク質が取れる。女子の場合は、一回分の量の3分の2など少し減らして飲むのも良いだろう。作り方は、一杯あたり200~300㎖の水か牛乳で割る。**割るものは基本、水が望ましい。**おいしさを追求するなら低脂肪乳でもOK。ちなみに豆乳で割るとかなりうまくなる。

更においしく飲みたい場合は氷を入れる。これだけで断然味がランクアップする。中にはプロテインパンケーキにして食べたり、凍らせてプロテインアイスにする人もいる。プロテインは自分次第で何にでもなる。

プロテインダイエットをするなら、食物繊維を必ず取れ

ではしばらく、毎日プロテインを飲んでみる。炭水化物はもちろん少なめにして。**するとお前はまもなく、体中にウンコが詰まり、無事自分のウンコでお亡くなりに**

なることだろう。ウンコで死にたくなければ、必ず食物繊維を意識的に取ってほしい。

これは笑いごとではない。炭水化物を制限してプロテインで置き換えると、**必然的に食物繊維の摂取量が激減しタンパク質が増えるため、腸内環境が荒れて、確実に便秘になる。**逆に言えば、便秘になるということはしっかりと低炭水化物・高タンパクの食事ができている、という表れでもあるわけだが。

食物繊維を取るのは野菜、サプリメント、なんでもいい。ただし野菜ジュースは前のステップで伝えた通り、控えるべきだ。乳酸菌を含むヨーグルトなどもいいだろう。最近だとよくある高タンパクのギリシャヨーグルトなら最高だ。

ステップ13
まとめ

食事制限と並行してプロテインを利用すると、
ダイエットは劇的にうまくいく。

ステップ 14

水を飲まないダイエッターは万死に値する

ところで、読者諸君は今日「水」をどれくらいの量飲んだだろうか？

「コップ1杯くらい……」

「ご飯の時は必ずスープも飲むし、けっこう飲んでる方かと」

「意識的に500㎖のペットボトル1本飲むようにしてます！」

「超頑張って1ℓも飲みました！」


なるほど。

揃いも揃って、全く足りていない。

お前らはサプリや食事にばかり目がいき、とにもかくにも水を軽視しがちである。


ダイエットで最も重要で、積極的に摂取しなければならない、欠かせないモノとはなんだろうか。

タンパク質？　ビタミン？　ミネラル？　アミノ酸？

どれもＮＯ。**答えは紛れもなく、水である。**

ちなみにここで言う「水」とは、食事の水分やその他の液体を除いた、ピュアな水のことである。例えば食べ物やプロテインなどの水分は、その栄養素の代謝に消費するため、それとはまた別で純水を飲むべきである。

特に減量中のダイエッターの場合は、**炭水化物を制限しているため食事から取れる水分そのものが通常よりも少ない。**糖質制限に加えて、更に筋トレや有酸素運動をしている者は、その水分量ではもはや全くもって足りていない。本書を置いて今すぐ水を飲めと言いたいところである。

1日1ℓなどは、はっきり言って最低限のレベルである。ましてや「コップ1杯しか飲んでません」という読者に至っては、俺が今すぐ池に沈めて無理やり飲ませる以外の選択肢がない。

「だって、そんなに喉が渇かないんだもん」だって？

いや、むしろ喉が渇いてからでは遅い。**渇かなくても飲むんだよ。**俺が小中学生の頃、今から15年前ぐらいまでは体育や運動の時間に水を飲みたがると、体育教師や顧問に怒られたものだった。

「喉が渇きました」と訴えると「我慢しろ」「休み時間に飲んでおけ」と叱られる。もしもこんな教師が俺の前にいたら0・5秒以内に息の根を止められるのは必至だ。

水を飲まない事は、体作りにとっては最低最悪である。運動中において「水を我慢する」などというのは百害あって一利もない。休み時間にまとめて水分補給するよりも、むしろこまめにちょこちょこ飲むほどいい。

時代が変わった今でこそ、熱中症対策で「家の中にいてもこまめに水分をとりましょう」などと言われているが、昔は「甘えるな」「今の子供は忍耐を知らない」などといった精神論がまかり通っていた。「その苦しみに耐えろ」と叱咤されるわけだが、体が欲しているから喉が渇くのであって、体が水を飲みたがっているのである。体が欲してからでは遅すぎる。

これからボディメイクをしようという上で、水を飲むメリットは計り知れない。まず、摂取した栄養の代謝を促す。そして、筋肉へ栄養を送り血流を促す。さらに発汗を促し老廃物を排出する。

特に運動をしている者には、水は絶対に欠かせない。そもそも筋肉を稼働させるのに大量の水が必要であると同時に、水は筋肉の血流を促す。**つまり水を飲むとトレーニングのパフォーマンスが向上する。**

筋トレを開始する前には必ずコップ二杯くらいの水を飲んでから臨むこと。**水を飲む量としては最低でも1日1.5ℓ、できれば2ℓほどは飲みたいところ。**自分の水の必要量が正確に知りたい場合は、ネットで検索すれば体格別に飲むべき水の量を教えてくれるサイトがあるので各自調べる事。

ただし飲み過ぎは注意。普段全く運動していない者が一日に5〜6ℓ以上飲むのは少々危険だ。短時間のうちに10ℓ以上も飲むと確実に水中毒になってしまう（最悪死ぬ）。**くれぐれも一度に大量に飲まないこと。だいたい30分〜1時間置きに200㎖（コップ1杯）くらいを飲むのが腹もポチャポチャせずベストである。**

また「水の摂取元はお茶やジュースでもいいですか？」というよくある質問にも先に答えておくが、**ノンカフェインのお茶ならばOK。**緑茶や烏龍茶などのカフェインが含まれるものは飲み過ぎに注意。コーヒーはカフェインが多すぎるのでリットル単位で飲むのはもちろんNG。ジュースは糖質の塊で論外だろうが、何言っとんねん。

つまり、やはり水が望ましい。

停滞期対策にも、水。

ダイエットには確実に停滞期がやってくる。

停滞期が来ると、1週間単位でみても体重が全く減らなくなる。これは長ければ

1カ月近くに及ぶ場合もある。食事を減らしているのに、運動もしているのに、体重が減らない。

こちら的には全くきてもらわなくて結構、いい迷惑なのだが、しかしこれは人間が持つなくてはならないホメオスタシス機能である。

せっかく脂肪と闘うことを誓い合い、意気揚々と脂肪に宣戦布告し、食事制限を始めたのもつかの間、この停滞期によって痩せる事を諦めてしまうパターンは非常に多い事と思う。

そんなサムライ魂を失い、落ち武者になりかけているデブの皆さんには、もしも停滞期が来た時は拍手とともにこの一言を送りたい。

「おめでとう!!!」と。

落ちついて聞いてほしい。なんと、停滞期中でも、多くの場合脂肪は減っている。

ではなぜ脂肪が減っているのに体重が落ちないのか。これは水分のワナであることが往々にしてある。減った脂肪の分、水分を貯め込んでしまうのである。特に水分を含みやすい女性は顕著に表れる。

水分が滞留する事によって体重が落ちなくなる、つまり停滞期の原因は脂肪ではなく、水なのである。 ここで水を十分な量飲む。すると停滞期脱出のトリガーになることがある。

俺の体験から言えば、水を毎日2ℓ以上飲んでいると、溜まっていた水分が一気に出て、停滞期脱出のトリガーになることがある。長らく微動だにしなかった体重がストンと落ちる。例えば体重が50キロで止まっていた人は、次の日には49キロを飛んで突然48キロ台になっていたりする。

トレーニーの間ではこれを「ｗｈｏｏｓｈ効果」と呼ぶこともある。水を飲んで、水を出すのだ。 メンタル的にも辛い、この停滞期を乗り越えると、そこには桃源郷が待っている。

停滞期がきたら、むしろそれはダイエットが成功しているという証しでもある。

尿のスプラッシュマウンテン

では実際に水をたくさん飲んでみる。するとここでお前らに新たな問題が発生する事を予め伝えておこう。

「にょ、にょ、尿が止まらねえぇぇぇ」

そう、意識的に水を飲むようにしたお前らが、尿が止まらないデブと化すのは必至である。

四六時中尿。仕事中も尿。寝ても覚めても尿。自分の意思とは無関係に、飲んだ水が尿となり際限なく噴き出す。**正に尿のスプラッシュマウンテン。**

しかしそれでいい。いや、それがいい。尿が出るということは体の中でうまく水分が循環しているという事なのである。尿をスプラッシュするデブこそ、真のテキ村式ダイエッターなのである。

周りの「あいつトイレ近過ぎだろ、膀胱ぶっ壊れてるんじゃないか」という視線とは裏腹に、疾風怒濤の如く噴き出す自分の尿を見ながら「今日も体内でたくさん水が循環しているなあ」と安心するのである。

ステップ14
まとめ

飲む気になったでしょうか。水。

第三章

テキ村式ダイエット道

～動～

ステップ15

「やる気が出るまで待つデブ」がイヤでも動きたくなる方法

ダイエットの世界では色々と小難しく議論されているが、ダイエットは突き詰めればたった2つの事だけができれば確実に成功する。それは、摂取カロリーを抑えるか、消費カロリーを上げるか。つまり食事制限か、運動か。これだけだ。

更に言うと、**この2つのうちどちらかたった1つだけでも、毎日できればお前は痩せる。確実に。**

ここまでの章で、お前らは食事制限に関して完全にマスターしたことと思う。正直、第二章までの内容を忠実に実践するだけでも痩せる。ここから先を読まなくても、はっきり言って痩せちゃう。脂肪燃え子になっちゃう。しかしせっかくなので、燃えカスとなったお前の脂肪を更に焼き尽くし、蒸発させたい。

ここから伝えるのはもう1つの方法、消費カロリーを増やす、即ち運動だ。

これまで毎日食っちゃ寝を繰り返し、動けなかった人間が運動をするというのが一番難しい。一時的に動いたとしても、続かない。

運動編を伝える準備体操として、お前らに伝えたい事がある。

「やる気が出るまで待ってる」というデブがいる。

このように、ダイエットで挫折する多くの人間はやる気を出そうとしたり、待ったりする。そして「やる気が出る方法」をネット検索する。出てくるのは**「行動し始めるとやる気は出てきます」だの「考えるからダメです、まずは動きましょう」だの「やる気が上がる音楽を聴きましょう」だの、何の解決にもなっていないクソ以下の回答ばかりである。**

こちとらやる気ないって言ってんのに、まず動けとはどういう事やねん

とも思う。結果として、動くか動かないか悩んだあげくそのままyoutube

を見始め、ダラダラと一日が終わり、次の日またやる気を出そうとする、このループに陥る。

俺なりの「やる気を出す方法」を見つけた。実は、自分の目標が定まっているなら「やる気」は既にお前の中にある。お前は、やりたいのだ。やりたくないと思うから動けない。**そうじゃない。お前はそもそも、運動したいの。運動がしたくてたまらないの。**

嘘だと思うだろう。でもこれは確実に本当だ。

「いや、動きたくないから動けないんじゃん。一体何を言ってんの」

いや、認めたくない気持ちは分かる。が、お前は圧倒的な思い違いをしている。これから俺の言う事を耳の穴、いや顔中の穴という穴をかっぽじってよく聞いてほしい。**「やらなきゃいけない」。こう思うからダメなのである。**

自分で「やりたくて」始めたものを、勝手に「やらなきゃ」と思っているのだ。「やらなきゃ」で考えると、やりたくなくなる。これは人間誰でもそうだ。多分、イチローだって孫正義だってそうだ。**常に行動を起こせる人はそもそもｍｕｓｔで考えていない。ｗａｎｔなのである。**

考えても見れば、ダイエットなんか自分がやりたいからやっているはずである。**誰かにやらされているのではない。自分で勝手にやりたいと決めたのである。**

本当はやりたいのに、それを忘れているだけだ。もしも本当にやりたくないという事になれば、それは今痩せる必要がないということになる。つまり痩せたい、という事は運動を「しなければいけない」のではない、「したい」のだ。

最初の「痩せたい」を忘れてしまい、「痩せるためには運動しなければいけない」と勝手にｍｕｓｔな状態を作っているだけである。

俺はたまに書く事をサボりそうになる。

俺で言えば、原点は本を書きたくて書いているはずなのである。本を書かなければいけないのではない。俺は誰に強要されたのでもなく、自分で本書を書き始めたのだ。別に食うに困っているわけでもない。今回の出版元であるＫＡＤＯＫＡＷＡからオファーこそもらったが、やると決めたのは俺自身である。

これを忘れて「原稿を書かなければいけない」「妥協してはいけない」と勝手にｍｕｓｔ的な考えになり出すと、デスクになんか向かいたくもないし、何も考えずに寝ていたくなる。ゲームざんまいの日々を妄想し始め、しまいには南の島に行って気分転換しようなどと画策し始める。

重要なのは、そもそも**「自分がやりたくて始まったことだ」という事を再認識することである。**これだけでやる気は勝手に出る。**だって本当はやりたいんだから。**

では具体的に、忘れた気持ちをどうやって思い出すか。シンプルなのは「理想の体を見る」ことである。

例えば憧れのカラダの画像をあさる、動画を見る、思い出すためにはなんでもいいんだ。モチベーションの根源である「理想のカラダになりたい」「痩せたい」、これを思い出せ。これを踏まえて、お前らにはこの第三章で「テキ村式ダイエット・動の編」を叩き込む。

食事制限をマスターしたお前は更に運動を加え、燃えカスとなった脂肪はダブルパンチで完全に蒸発する。

ステップ15
まとめ

「やらなきゃ」から逃れ、「やりたい」を思い出すと、勝手に体が動き出す。

ステップ16

部分痩せの幻想を捨てろ

部分痩せ。

これは我々人類が長年夢見てきたことである。目立つ、気になる脂肪だけ燃焼させることができたらどんなにダイエットはラクだろうか。

特に腹の脂肪は手強い。

これまでは俺も大口をたたいてきた。しかしはっきり言って、生半可な気持ちで下っ腹の脂肪に戦いを挑むと全員返り討ちに遭う事になる。半端な気持ちで腹の脂肪に挑むのは、つまようじでメイウェザーと戦うようなもんだ。これぱかりは今までのようにはいかない。

二の腕や腹の脂肪はどうすれば落ちるのか。これはデブにとって永遠の課題である。夏になれば男なら誰もが腹筋割りたいし、女ならおなかに縦線を入れたくなる。そして皆考えることは同じである。「なんとか誰でも簡単に、できるなら1カ月ほどで、このたるんだ腹の肉を無くし、腹筋がうっすらでもいいから浮き出てくる方法はないだろうか？」と。

「テキ村なら、そんな腹の脂肪の撃退方法を知っているんじゃないか?」と。やっとこのステップまで来てくれた。腹の脂肪の撃退、これこそがこの本の中で俺が最も伝えたかった部分である。

ない。

ないんだよ。腹の脂肪だけを落とす方法が。

残念ながら部分的に脂肪は落ちない。脂肪の燃焼するメカニズム的に見ても、二の腕痩せ体操をやって二の腕のみ脂肪がなくなることはない。**少なくとも何万人ものブログ読者を痩せさせてきた俺は、部分的に痩せる方法を持ち合わせていない。**

テレビでは年中流れているお腹回り激やせエクササイズ。インスタグラムではやる謎の二の腕痩せ体操。電気で震えるベルト。倒れるだけで腹筋がワンダフルになる器具。お前らは今後一切、これらのなんとなくその部分だけ脂肪が無くなりそうなモノに惑わされる必要はない。

それで腹の肉は無くなったか、それは誰よりもお前がよく分かっているだろう。これまでも幾多の「寝ているだけで腹筋●●回分の効果！」を謳うダイエット器具を買いあさり、文字通り寝てるだけでトドに間違われることはあっても、腹の肉がなくなることはなかっただろう。一生分とも思えるほど謎の腹踊りをしてきたことだろう。

その結果、腹の脂肪はどうなったのか。

そりゃあ昔は、俺だって微かな期待に心を躍らせて永遠に腹をブルブルさせてた事もあったさ！　**俺だって都合よく腹の脂肪だけを落としたかったさ！**

でも、ダメだった。どんなに腹をブルブル震わせても、渾身の力でたたいても、こねくり回しても、腹筋しても、一日中フラフープをしても、何しても、俺の腹の脂肪はびっくりするくらいビクともしなかった。

「え？　じゃあどうすればいいの？　この腹の肉。三段腹どころか五段腹くらいになってもはやこの肉がダンベルなんだけど。ダンベル抱えて生きていけっていうの？」と思うだろうが、安心してほしい。

腹の脂肪「だけ」を減らすことはできないが、腹の脂肪自体は消し去ることはできる。俺はずいぶんと長い間、腹の脂肪を憎み、腹の脂肪と拳を交わし、時に腹の脂肪に涙し、俺なりの「腹の脂肪に勝つ方法」の結論を見つけた。

腹の脂肪を完膚なきまでに葬り去る方法、それは、全身痩せること。これ以外にない。特に腹回りの脂肪は、ダイエットの終盤、最後の最後に落ちる部分だ。薄々気付いていただろう、「おなか痩せ」そんな都合のいい話は現実にはない、と。

いわば、これはダイエットのゴールである。**おなかの部分痩せを試みている人は、例えるならばマラソンでゴールまでショートカットする道を探しているのと同じだ。そんなもんはない。**腹の脂肪を落としたければ、これまでのステップでたたき込んできたことを全実践し、全身痩せる以外にない。これまでのダイエットの集大成だ。

というか、そもそも太いのは腹だけではないだろ、鏡を見ろ、この期に及んで脂肪を見て見ぬふりするな。だいたい腹に段が付き始めるくらいになったら、それはもう疑う余地のないデブだろ。逆に、なぜ部分的に痩せようとした。この機会に全身痩せろ。いいか、その丸い顔も、たるんだ二の腕も、むちっとした背中も、太腿も、腹も、全てだ。俺はお前の全身全ての部位を細くする。

ステップ16
まとめ

クソの役にも立たない部分痩せの幻想を捨てろ、今すぐにだ。

ステップ 17

圧倒的確実に腹筋を割る方法

「どうしても腹筋が割れません」という大半の人は、やはりそれが脂肪のせいである事を忘れている。**腹筋が割れないのではない、まだデブだというだけの話である。**特に隠れ肥満形のタイプは腕や脚が細く見えるため、腹だけが出て「見えがち」だ。

しかし、超ド級のデブじゃない限り、お前の腹筋は実は3カ月もあれば確実に浮いてくる。

腹筋が割れない人によくありがちなのは、腹の脂肪を落としてないのに腹筋のトレーニングばかりをやる、そして全然腹筋が割れずに挫折するというパターンだ。**脂肪が落ちていないのにひたすら腹筋を鍛えるのは、濁った泥水の中で必死に宝石を磨いているのと同じだ。バカらしいだろ。そんな奴がいたら止めるよな？　しかしお前はそれを、やっている。**

脂肪の中で腹筋をいくら鍛えても見た目は変わらない。とはいえ、腹筋を割ってシックスパックを手に入れたいのなら腹筋を鍛えるのは避けて通れない。痩せればうっすらと腹筋が浮いてくるが、鍛えなければ溝が深くならないからだ。

だから、まずは痩せる。痩せるのはもちろん全身だ。すると誰でも腹筋がうっすら浮いてきたり、女子なら縦に線が出てくる。そのあとはひたすら腹筋を鍛え、溝を深く、くっきりした形を作る。腹筋を割りたくて失敗する人は、脂肪を落とす事と溝を深くする事を同じに考えているからどちらも中途半端になってしまう。

痩せる、鍛える、この二つの意味をしっかり差別化することが重要だ。

体脂肪別に解説しよう。

体脂肪率が17％以上（女子なら22％以上）ある、という者は腹筋よりも前にすることがある。これらに当てはまる者はまず問答無用で食事制限だ。**シンプルにデブである。**この体脂肪率では腹筋は、まず痩せないと絶対に浮いてこない。

体脂肪率が16％以下（女子なら21％以下）になってきたらダイエットと同時並行で腹筋のトレーニングを始めてもいいだろう。自宅でクランチやアブローラー、ジムでのマシン、なんでもありだ。しかしまだまだ脂肪が乗っているため、もちろん食事制限は継続する。

おおむね**体脂肪率が12％以下（女子なら17％以下）**程度にもなる頃には男なら腹筋が割れ始めているし女なら縦に線が入っているだろう。なお、これらの体脂肪率はトレーニング歴やその人個人によって異なるため、あくまでも目安に過ぎない。腹筋を割りたいなら、まず痩せる。痩せるしかない。腹筋のトレーニングを頑張るのはそのあとだ。

腹筋のトレーニングを行う上でのコツは、腹の筋肉の収縮を確認しながら動作することだ。体を曲げる時に息を吐くように、腹を凹ませるようにすると意識しやすい。**失敗例でよくありがちなのは、クランチ（いわゆる、腹筋運動）をする際に「とりあえず上体を上げる」事によって、「腹筋運動ができている」と勘違いすることだ。**

重要なのは、**上体を上げる事自体は腹筋よりも腸腰筋の関与が大きいという事である。**腸腰筋とはその名の通り腰の部分に位置し腰と脚をつなぐ役目をしている筋肉だが、これを理解していないとうまく腹筋に効かせる事ができない。また、間違ったやり方をすると腰痛の原因にもなりかねない。

クランチで効果的に腹筋に効かせるためには、**「上体を上げる」のではなく、とにかく「腹を縮ませる」「ヘソを覗き込む」事を意識する、これに尽きる。**

ちなみに人の腹筋は回復が早いため、筋肉痛でもない限りは毎日行っても構わない。腹筋は細かい事を考えずにいくらでも鍛えられる。やりたい放題だ。

くびれを作りたいなら、腹筋ではなく背中と尻を鍛えろ

「ウエストにくびれを作りたくて毎日100回は腹筋をしています!」

というお前は、二度と腹筋ができないようにシバキ回す。お前のためにシバキ回したる。

くびれを作りたいなら腹筋じゃなく、ケツと背中を鍛えろ。

先ほどのステップでは、腹筋を鍛えろという事を伝えた。ではくびれはどうか。**逆である。**

くびれに限って言うなら、腹筋をしない方がいい。**くびれとは、背中とウエストと尻の「差」だ。**

実はフィジーカーなどのコンテストに出るトレーニーは、「くびれ」や「逆三角の形」を最も重要視するため、腹筋をほとんど鍛えない人も多い。特に外腹斜筋を鍛えすぎるとウエストの幅が広がる事になってしまうのだ。

ステップ17
まとめ

腹筋は最後の最後に割れる。
くびれが欲しいなら背中と尻を鍛える。

ステップ18

効率よく瘦せるのは、筋トレか？有酸素運動か？

有酸素運動と筋トレをめぐっては、やれ「有酸素運動は効率が悪い」、やれ「筋トレをやるのが最もダイエットによい」など様々な意見が飛び交っている。

結論から言うと、確かに恒常的に痩せたいならば有酸素運動よりも筋トレを優先してやるべきである。が、場合によりどちらも必要に応じてやるべきだ。

長い目で見るなら、筋トレをしてベースの筋肉量を増やした方が、痩せやすく太りにくい体を作ることができ、ダイエット的にはベストであることは間違いない。

しかし、この日までに絶対に痩せたい、という何か重大なイベントがあるならば、それはそれで有酸素運動をしなければ消費カロリーが追い付くわけがない。

ちなみに筋トレと有酸素運動を並行して行う場合、タイミングとしては筋トレの後に有酸素運動の時間を持ってきた方が脂肪燃焼効率がよいとされている。

有酸素運動か、筋トレか、これに絶対の正解はない。強いていえば自分の状況に合っていればどちらも正解である。運動は「やること」それ自体がデブにとってとても重要だ。あれこれ考えて動かないデブが最も悲惨なのだ。では筋トレと有酸素運動のメリットとデメリットを見ていこう。

有酸素運動はやればやった分だけ痩せる

手っ取り早く痩せたいのであれば「食事制限＋有酸素運動」だ。**痩せるスピードに限っていえば、これに勝るダイエットはこの世にない。**走れば走った分だけ、泳げば泳いだ分だけ、痩せる。自分の頑張りがそのまんま反映する。実に分かりやすい。

「走り始めてから20分経たないと脂肪は燃焼されない」という都市伝説を信じている人も多いと思うが、**それはあり得ない。**以前は、有酸素運動は一定時間続けてから初めて脂肪が燃焼され、それまでは糖がエネルギーとして利用される、という説が有力だったが、今では走り始めたその瞬間から脂肪が燃焼されることが証明されている。

ただし有酸素運動にはデメリットもついてくる。それは、**「筋肉も減る」ということである。**これはテキ村式ダイエットにおいて最も重大な問題であり、矛盾を生む事実だ。しかしもうこればかりはどうしようもないことで、走って痩せようとする場合、筋肉を完全に維持したまま脂肪だけを落とすことは不可能である。

なぜ筋肉も減少するかというと、有酸素運動をするとき、筋肉中のアミノ酸を分解してエネルギーとして利用するからである。後述するが、俺がＢＣＡＡ（分岐鎖アミノ酸）を推している大きな理由の１つが、この現象を抑えるためだ。

筋肉が分解されると結果として基礎代謝が下がり、引き締まって見えるというよりやせ細って見えてしまうため、長い目で見るならばランニングなどの有酸素運動はせずに（走るにしてもごく短い時間だけ）ダイエットをすべきである。これは間違いない。

しかし、これはあくまで「ベストを追求する場合」の話である。
実際問題、
・ダイエットの期限がある場合
・「この日までに」という目標がある場合
・ベストの体よりもスピードを優先する場合
などは有酸素運動も取り入れるべきだろうと個人的には思う。ちなみに有酸素運動をする場合は、一回あたりおおよそ30分以内にとどめておく事を勧める。長時間の有酸素運動は筋肉の分解をより加速させてしまうからだ。

まとめると、適度な有酸素運動は「夏までに痩せたい」など短期的な目標がある人にはもってこいというわけだ。

傾斜付き早歩きで最速で豚汁を出す

確かにスピーディに痩せるには適度な有酸素運動も必要だ。

しかし、俺は声を大にして叫びたい。

「走るのは、辛い！！！」と。

え？　ここまで運動しろと言っといて、今更何言ってんの？　と言われるかもしれないが、俺は走るのが世界一嫌いなのである。誰が何と言おうと、イヤなものはイヤなんだ。ウォーキングはラクだから簡単に続けることができる。かと言ってウォーキングをしても、肝心の消費カロリーが本当に少ない。**ただ単に歩く事は、マジで、想像を絶するくらい全然カロリーを消費しない。**

走るのは嫌、歩いても脂肪が減らない。どうしよう、非常に困った。**そこで俺は「テキ村式ウォーキング」というエジソン級の大発見をしてしまった。**

内容としては、傾斜をつけて早く歩く。以上である。そう、ただの坂道早歩き。

トレッドミル（ランニングマシン）の傾斜を5〜10度ほどに設定し、時速5〜6

キロほどの速度で歩く。この時速になるとジョギングぐらいの速さだが、これを競歩のように、あくまで歩く。近所にジムがなく、代わりに長く緩やかな坂道があるのであればそこを歩くのもいいだろう。

すると、ランニングとほぼ変わらないカロリーを消費できるのにもかかわらず、なんと辛くない。辛いか辛くないかは感じ方なのでもちろん個人差があるが、事実俺のツイッターには「走るよりも続けられました」という声が殺到した。何よりも良いのは、歩きになる事によってスマホやマシンのテレビを見られるということだ。

例えるなら、スピーディな山登りのような感覚だ。想像するにたやすいと思うが、ヤバイ量の汗が出る。**尋常ではない量の豚汁。これがテキ村流、最速に痩せる有酸素運動だ。**

ちなみに水泳も消費カロリー的には申し分ない。これもやはりずっと泳ぎ続けるのはしんどいが、読者からの意見ではプールが好きな者も多数いるようなので、こういった**水陸両用型デブには水泳もオススメできる。**

筋トレは恒常的に痩せる

筋トレ、すなわち無酸素運動は、トレーニングそのもの自体はカロリーをあまり消費しない。筋トレ（無酸素運動）で痩せるには有酸素運動よりも長期間を要するが、痩せやすい体質になるためには筋トレが欠かせない。

ダイエットを短期的なものではなく、長期的、あるいは永続的なものとして捉えている人には圧倒的に筋トレをオススメする。というか、テキ村式ダイエットにおいてはほぼ必須である。**しかし、少なくとも半年〜1年という長期的に予定を立てて継続できる人には向いているが、継続するモチベーションがある者でないと筋トレでのダイエットはできない。**

なぜなら筋トレは、トレーニングそれ自体の消費カロリーが極端に少ないからだ。

なぜ、恒常的なダイエットにおいては有酸素運動より筋トレの方がオススメできるのか。それは筋トレを長期的に行うことによって筋量がアップし、基礎代謝が増え、それによって**消費カロリーの「ベース」が上がるから**である。

つまり、代謝が向上し、「太りにくく痩せやすい体」になれる。もちろんリバウンドしてしまうリスクも圧倒的に減るだろう。

では具体的に俺がどんな筋トレを提案するのか、次のステップで解説しよう。

ステップ18
まとめ

長期戦覚悟なら筋トレ、スピード重視なら有酸素運動。どちらもバランス良く取り入れるのも◎。

ステップ19

「分割法」で圧倒的スピードで進化する

それでは具体的にどのように筋トレをすればいいのか、テキ村式のおすすめのトレーニング方法を解説しよう。

俺は、筋トレ初めたてのような人を見かけると、よく「もったいないな」と思うことがある。彼らは、とりあえずダンベルをブンブン振り回し、いったん疲れると次のマシンへと移動、たまに携帯ゲームをポチポチし、そしてまたあっちやこっちに移動し、たまに軽々とマシン動作、そして一通りやり終わったら、帰る。まれに、携帯ゲームをやりながら永遠にレッグプレスマシンでトレーニングしている者すらいる。

ジムへ足を運び、一生懸命筋トレをしている、実に素晴らしい。

しかし、俺は言いたい。

お前は、筋肉をナメとんのか、と。

お前の筋肉が、それで満足してくれると思うのか、と。

筋肉とは、想像以上にドMである。自分の思っている以上に痛めつけないと満足してくれない。トレーニングは、集中しなければその効果は限りなくゼロになる。ましてやジムに来ただけで痩せた気になっていると、恐ろしいことになる。

しかも初心者の多くは、全身を使ってダンベルを振り回すからすぐに疲れる。しかもうまく効いてるか分からないから「息切れする＝効いている」事だと勘違いし、それでなんとなく満足してしまう。もったいない。実にもったいない！　せっかくなら、効率よく鍛えて頂きたい。

そこで俺は、分割法を絶対的に推したい。

分割法とはその名の通り、筋肉の部位ごとに分割してトレーニングをする方法である。いわば**「部位集中型トレーニング」**だ。これは多くのトレーニーが呼吸をするように当たり前に行っているトレーニング方法でもある。トレーニングの基礎中の基礎となる方法だ。

分割法では1日に特定の部位だけしかトレーニングしない。月曜日は月曜日に決めた部位だけに力を注ぎ、その筋肉だけに集中して鍛える。で、火曜日はまた別の部位を鍛える。例えば、月曜は胸の日、火曜日は背中の日、といった具合である。すると1時間なら1時間を、**特定の1カ所もしくは2カ所だけに力を注ぐため初心者でもトレーニングの質が向上しやすい。**嫌でも筋肉を痛めつけられるというわけだ。

週どれくらいの頻度でトレーニングする必要があるのか。**これはその人の理想の体やペースがあるため一概には言えないが、全身の変化を体感したい場合、最低でも週3日はトレーニングの日を設けたい。**

もちろんトレーニングの質と量にもよるが、週2日以下のトレーニング頻度だとよほど頑張らないとあまり筋肉の成長は見込めないと思った方がいい。毎日夜遅くまで残業している会社員からすると週3日以上なんて無理かもしれないが、これが悲しい現実である。

週3日の分割トレーニングで全身全ての部位をトレーニングするとしよう。

例えば以下がメニューの組み方の一例だ。

月曜日　胸・肩
火曜日　オフ
水曜日　背中・上腕二頭筋・上腕三頭筋
木曜日　オフ
金曜日　下半身
土曜日　オフ

日曜日　オフ

曜日は自分のスケジュールに合わせ、適宜設定する。

1日で一つの部位だけに集中してトレーニングしたいなら週5〜6日ほどトレーニングデイを作ればいいし、逆にオフの日を多くしたいなら辛くはなるが1度に行うトレーニングの部位を増やす。仮に週5日以上でトレーニングを組む場合は1回のトレーニングで一つの部位しか攻めないため概ね1時間もあれば十分だし、逆に週3日で筋トレするなら一日で複数の部位のトレーニングを詰め込む必要があるため時間もそれだけ長くなるというわけである。

トレーニングの組み方も様々だ。これは自分がやりやすい組み合わせを試行錯誤すればいい。例えば「胸と背中」や「上腕二頭筋と上腕三頭筋」を同じ日に鍛える。これは「拮抗筋」と呼ばれ、相対する筋肉同士になるためトレーニングの効率が上がりやすいと言われている（スーパーセットとも呼ぶ）。

先ほどトレーニングの日は最低でも週3日、できれば4日作ってほしいと言った

が、**これは週2日になると分割法の意義がなくなってしまうからだ。**どうしても週2日しかトレーニングができないという場合、なかなか厳しいものがあるが不可能ではない。

例えば、月曜日の胸と肩のトレーニングを水曜日と金曜日に持ってくる。すると週2日でも全身鍛えられる。しかし、1日で四部位ほどメニューをこなす必要が出てくる。これはもはや分割していない。ここまで1日に詰め込むとかなりしんどい。逆に、週4日、週5日、と分割が細かくなればなるほどいいし、むしろ1回のトレーニングが楽になる。1日にこなすメニューが絞れて、結果として質も高まるし、良いことしかない。

こんな感じでトレーニングメニューを組むと、**筋肉痛になっても次に同じ部位をトレーニングする時には筋肉痛も治まっている。**ちなみにくれぐれも筋肉痛の時は無理にその箇所をトレーニングしない方がいい。筋肉痛については諸説あるが、個人的には筋肉痛の部位は休める事をすすめる。

筋肉痛でも別の部位で筋トレができる、部位を変えるため回復しながら毎日でも

筋トレができるというのが、分割法のメリットでもある。

「でもそんなに筋トレ頑張っちゃったら、筋肉でムキムキになってしまいませんか？」だって？

面白い事を言う奴だな。

例えばお前が「サッカーがうまくなりたい」と思ったとしよう。で、ボールを買ってきて自宅の庭でサッカーの練習をちょっとやってみる。すると自分の想像以上に才能があったらしく、サッカーがうますぎると近所で話題になり、噂が噂を呼び**日本代表に入ってみたらシュートを打てば決まるわ決まる、そのうちレアルマドリードにスカウトされ年収がメッシを超えちゃう事を心配するのか？**　しないよな。

そういうことだよ。

大きな筋肉を優先して鍛える

分割法でどんなメニューを実践すればいいか。結論から言うと、ダイエット目的の場合は胸・背中・下半身を集中的に鍛えるべきだ。**テキ村式ダイエットにおいて「筋トレをする」というのは「いかに筋肉量を増やし代謝を上げるか」なのでなるべく筋肉の体積が大きい部位を鍛えるべし。**

具体的なメニューとしては、

【胸】

・腕立て伏せ・チェストプレス・ベンチプレス・ダンベルプレス・ダンベルフライ・ペクトラル

【背中】

・チンニング（懸垂）・バックエクステンション・ラットプルダウン・シーテッドロー・ベントオーバーバーロー

【下半身】

・スクワット・レッグプレス・レッグエクステンション・レッグカール

など様々ある。胸のトレーニングデイなら①腕立て伏せ×4→②チェストプレスマシン×4→③ダンベルプレス×4など同じ部位の種目を複数行う。3種目以上も行えば筋肉に色んな刺激が入って最高だ。分割法では同じ部位に違う刺激を入れる、これこそが重要だ。

インターバル（セット間の休憩時間）は初心者なら1分〜1分半。かなり重い重量を扱えるようになってきたら2分以上とってもいいかもしれない。

ちなみにこれらはほとんどがマシンや器具がないと出来ないメニューだが、例えば自宅で胸のトレーニングメニューを組むとして、腕立て伏せ1種目しか出来ないとしよう。しかし腕立て伏せ一つとっても、手を置く間隔を狭めたり広くしたり、場合によってはつま先でなく膝で支えたりすれば腕立て伏せ一つでも工夫次第で様々な負荷と刺激でバリエーション豊かな腕立て伏せが出来る。

初心者の場合まずは下半身から入るのも得策だろう。筋トレの中で最もカロリーを消費するし、なによりスクワットは、いつでも、どの環境でも、今すぐに出来る。逆にやらない言い訳が出来ない。なんなら今本書を読みながらスクワットしてほしいぐらいである。

スクワットも同様に足を置く間隔、脚を開く角度などでワイドスクワット・ブルガリアンスクワットなど様々なスクワットが可能だ。

しかもデブなら自重そのものがダンベル背負ってるようなもんだから余計な器具もいらない。圧倒的デブの場合はくれぐれも膝を痛めないように留意したい（膝にサポーターを巻くなど）。

さすがにこのまま文章だけで全てのトレーニングメニューのフォーム解説をすると別でもう一冊本が書けてしまうほどのボリュームになるので、細かいメニューやフォームについては俺の「痩せない豚は幻想を捨てろ・ブログ版」にて動画付きで解説しているからそちらも参照すること。

初心者の場合、まずは軽い重量で始めるのがいい。特に男は、重い重量を扱いたがる。男はカッコつける生き物だから仕方ない。俺もよくある。しかし、これは非常に効率が悪い。

軽い重量でしっかり効かせる

初心者は効かせようにもそもそも筋肉がないため意識しづらいので、自分の思っている以上に軽くてもいいだろう。体を完全に固定してもスムーズに上がる重さがベストだ。姿勢が崩れる、体がぶれる、これはまだ重すぎる。**もっと軽くていい。重さよりもフォームを優先してほしい。**

とは言えもちろん、軽すぎるのもそれはそれで問題だ。**1セット中、10回〜15回の動作を行って限界がくる重さがベスト**である。これを4セット×3種目行うのが目標。最悪、自宅など複数種目ができないなら一つのメニューでもいい。つまりトータルで12セットになる。12セットも行えばトレーニング初心者ならだいたいの人がもう筋肉を動かせない状態になるだろう。10セットもできれば上出来だ。

ジムか、自宅か

ジムへ行くべきか、自宅でトレーニングするべきかをよく聞かれるが、近所にジムがあったり自分の行動範囲からアクセスが良いジムがあるなら、ジムへ通うべきだろう。

もちろん器具を買って自宅でやる気マンマンな者は、自宅でも全然いい。なにより自宅でのトレーニングなら金もかからない。人によってはジムへ行く時間が惜しい人もいるだろうし、自分のモチベーションに応じて自宅かジムかを決めればよい。トレーニングチューブ、ダンベル、ベンチ、ペットボトルなど、トレーニングアイテムを一度用意すれば自宅でも全身鍛える事ができる。コツさえ押さえればジムはいらない。

しかし、本格的にトレーニングしたい、または体の変化にスピードを求めるなら、断然ジムへ通うことを勧める。何がオススメかって、マシンがオススメ。

ダンベルやバーベルはある程度基礎的な筋肉がないと、そもそも意識的に特定の部位に効かせる事が難しい。マシンを利用すれば、スタッフに教えてもらうなどしてフォームさえ覚えれば、誰でも確実に効かせる事ができる。**マシンに慣れたら、次はフリーウエイトエリアだ。**

フィットネスジムには大抵、フリーウエイトコーナーが常設されている。そう、筋肉ゴリラでごった返している、あのコーナーである。初心者や、特に女子は非常に入りづらい事と思う。

場所によっては**「ここはオンナ子どもの来るところじゃない」「トーシロは端っこでバランスボールでも転がしてろ」**といわんばかりの空気が流れているが、そんな事は気にせず初心者もズカズカと入っていってほしい。

もしも筋肉ゴリラが「オイオイ、ここはヒヨッコが来るとこじゃねえんだぜ。家で500㎖ペットボトルに水でも入れて振り回してな」なんていうテレパシーを目で送ってきたら、構わん、こう言ってやれ。

「おやおや、ここは猛獣の檻かなんかかい？　ダンベルはゴリラの専売特許ってワケだ。でもたまにはヒヨッコが来たっていいじゃないか。まあゆーてこちとらまだ豚なんですけどね！　ま、同じアニマル同士仲良くやろうや！　ハハハ」ってな。

フォームを覚えて筋トレが体になじんできた後は、実はフリーウエイトこそが最大のトレーニング効果を発揮する。最初はジムへ行き、トレーニングのコツを覚えたら自宅にダンベルを買うのもアリだ。

ステップ19
まとめ

全身をまとめてトレーニングするのではなく分割してやると、体は圧倒的に変わる。

ステップ20

最強のブースター、BCAA&カフェインでトレーニングを加速する

俺は普段からＢＣＡＡの回し者かと思うくらいＢＣＡＡを推している。秘密裏に存在するＢＣＡＡ協会から毎月多額の金を受け取っていると疑う者もいただろう。まるでＢＣＡＡの伝道師である。謎の液体を全力ですすめてくるブロガー。なぜか。

実に簡単である、ＢＣＡＡはその効果を圧倒的に体感できたからである。最近ではＢＣＡＡを飲んでダイエットする者も非常に増えてきた。「ＢＣＡＡを飲んで痩せたよ！」とか「ダイエットするならＢＣＡＡ飲んだ方がいいよ！」というような声も散見する。

ここで俺が言いたいのは、むしろ、ＢＣＡＡを飲むことによって直接的に痩せることは一切ないということである。ＢＣＡＡは直接脂肪を減らすとか、そういった魔法のサプリではない。**あくまで結果として、体脂肪率が減り、痩せやすい体になるということだ。**

ＢＣＡＡとは、「分岐鎖アミノ酸」の略である。具体的にはバリン・ロイシン・

イソロイシンだ。こんなことはどうだっていい。重要なのは、トレーニングを伴うダイエットにおいてBCAAは凄まじい威力を発揮するということ。

BCAAの効果を端的に挙げると、
・筋持久力を上げる
・筋肉の分解を抑え、合成を促進する
・筋肉の回復を促す
の三つだ。

「でもアミノ酸ってプロテインにも含まれてるよね？　プロテインを飲んでる人はいらないんじゃないの？」

確かにプロテインにもアミノ酸は含まれている。がしかし、重要なのは飲むタイミングである。プロテインは筋肉の基となる。いわば筋肉の材料だ。筋トレとプロテインを組み合わせ、筋トレの後にプロテインを飲むことにより筋肉が成長する。

ＢＣＡＡは、筋トレのスイッチを入れる役目を果たすのである。要はトレーニングのガソリンをイメージしてもらえればいい。

例えばトレーニングの前にＢＣＡＡを飲む。するとＢＣＡＡが運動中のエネルギー源として利用され、パフォーマンスが上がる。パフォーマンスＵＰが目的なら、筋トレはもちろん、特に有酸素運動に対して効果的だ。具体的には、スタミナが持続する。

ＢＣＡＡをトレーニング前に飲む場合は、開始30分前に２００mg以上飲む。これで最大限に効果が発揮されるはずだ。ハードに食事制限している場合は起床時、起き抜けにＢＣＡＡを飲むのも良いだろう。朝の枯渇した筋肉にアミノ酸が染みわたる。

俺の場合で言えば、ダイエット中はトレーニングに関係なくほぼ常に飲んでいた。なぜかって、シンプルにうまいからだよ。具体的に言うと、炭酸の抜けた炭酸飲料のような感じだ。甘い。甘党の俺には正にもってこいだった。

ちなみに読者の中にはBCAAをアレンジして飲む者もいる。例えば炭酸水で割れば、まんま炭酸ジュースになる。ダイエット中にも関わらずジュースが飲める。

このBCAAは通常粉末だが、例えば1ℓほどの水に溶かして大量のBCAA水を冷蔵庫に入れておく。これをジュース代わりに飲むことによって、俺の体は劇的に進化した。

ちなみに補足しておくと、BCAAは色がとんでもなくヤバいため、周囲から「絵の具うすめて飲んでるの?」と聞かれるので覚悟しておくこと。

合わせて、カフェインを飲む

もしも今この瞬間、お前が既に筋トレや有酸素運動を伴うダイエットを実践しているにも関わらずカフェインを飲んでいないのであれば、もはやその損害は計り知れない。

そう、コーヒーに含まれるカフェインである。実はカフェインには驚くべきパワ

ーがある。トレーニング開始前にコーヒーを飲むと、やはりトレーニングのパフォーマンスを上げ集中力・スタミナを持続させてくれる。

更にカフェインは中枢神経系の興奮を促しアドレナリンを分泌させ、エネルギー消費量を高める事によって中性脂肪をより分解することも分かっている。

お前らもなんか気分が乗らなかったり、運動をする気力もない時もあるだろう。そんな時はコーヒーを飲む。コーヒーを飲んだ後にジョギングをすれば、お前らの**豚汁があますことなく溢れ出す事を約束する。**

くれぐれも寝る前にはなるべく取らないように注意が必要である。

ステップ20
まとめ

BCAA&カフェインが最強のダイエットブースターだが、あくまでも運動・食事制限ありきである事を胸に刻んでおくこと。

第四章

体形別デブ攻略編

〜完全版〜

ステップ21

テキ村式ダイエット総まとめ

いよいよダイエットも佳境に入ってきた。ここまでを読み、脂肪を燃やす術はマスターできたはずだ。食事制限と運動、この2つを並行してダイエットを実践するお前は他を圧倒するスピードで痩せ、脂肪を粉砕するマシンと化すだろう。

ここで一度、テキ村式ダイエットの総まとめをしてみようと思う。
まず、テキ村式ダイエットのポイントをチェックリスト化した。既にダイエットを開始している者は、今日は何個当てはまったか毎晩チェックしてみてほしい。

□ダイエットの幻想を捨て、現実と向き合う
□ＢＣＡＡを飲む（朝、トレーニング前）
□水を１・５ℓ以上飲む
□コーヒーを飲む
□分割法トレーニングをする
□傾斜早歩きをする
□米を玄米、もしくは雑穀米にする

□糖質を極端に減らす（目標は80～100g）
□高タンパク食を食べる
□ビタミンを取る（サプリメントOK）
□食物繊維を取る
□お菓子の代わりにプロテインを飲む
□良質な脂質（フィッシュオイル）を取る
□タクシーを使わない、階段を使う、など活動レベルをなるべく上げる
□よく寝る

以上だ。全部で15項目ある。

毎日全てを必ず守らなければならないという事ではない。どうしても無理なところは自分の体に合わせて力を抜けばよい。このチェックリストは、程よく力を抜いても痩せるようにわざとハードに設定されている。**ダイエットとは、とどのつまり総消費カロリーが総摂取カロリーを上回ればよい。**

テキ村式ダイエットはそれに加えて筋肉を落とさない事を意識すれば良いだけである。上記のチェックリストはそれが簡単にクリアできているか確認することができる。

12個以上当てはまればかなり上出来、もはや向かうところ敵なしである。まもなく文句ないスタイルに変貌できることだろう。7〜11個当てはまるなら、ゆるやかにダイエットができている。6個以下の者は、これまで一体何をしてきたのか。今すぐまぶたに洗濯バサミをつけて目を開けっ広げ、本書「はじめに」から読み直すこと。

ではここまでをマスターした者は、ここからは体形別に、段階的にダイエットを攻略していく。デブの段階に応じて、集中的に脂肪を焼き尽くす。この先はより効率的なダイエットの集大成である。

ステップ21
まとめ

今日から毎日チェックリストを確認すること

ステップ22

何やっても痩せる、「圧倒的デブ」の場合

もしもお前が体脂肪率は30％を超えていて、平均的体重を余裕でオーバーしているなら、**これは紛れもない超ド級のデブ、圧倒的デブである。**いうなればデブのプロフェッショナルであり、ヘビー級デブだ。普段から人の2倍は食べていないとこうはならない。

一言で言うと、病気じゃない限り、**甘えでしかない。**これからそれを説明するが、心の準備はいいだろうか。

「でも無理なダイエットはリバウンドするから」
「太りやすい体質だってあるの」
「遺伝もあるし」

いや、お前はしゃべる脂身かよ。本当に。

今この現状が既に圧倒的不健康にもかかわらず、「リバウンドが心配」「我慢するダイエットはリスクもある」「もっと健康的なダイエットがいい」「体質もある」と言い、全てに対し言い訳をし続けてきた結果こうなった。

言い訳を考えさせると、瞬間的にIQがアインシュタインを超える。もはや自動的に言い訳を考えついてしまう。まるでオートマチック言い訳製造機だな。圧倒的デブの場合そもそも現状の体重がリスクあり過ぎるし、ダイエットすれば今よりも確実に健康的にしかなり得ない。そもそもが歩く不健康の分際で何を言っとんねん。

元々は命を守るために存在している脂肪が、逆に命を危険に晒している、この生きる矛盾が圧倒的デブなのだ。

確かに痩せやすい体質、太りやすい体質は存在する。遺伝もある。で、だからどうした。太りやすい体質だから、太ったままでいいのか？ 勉強が出来ない頭だから、出来ないままでいいのか？ 仕事が出来ない奴は、仕事が出来ないままでいいのか？

お前は誰に強制されたわけでもなく、お前自身が痩せたいんだ。「太りやすい体質だから」。この言葉で、痩せたいお前を含め、全人類の一体誰が幸せになるというんだろうか。

お前らはこのように、脂肪と一緒に過ごしてきた時間は到底計り知れず、脂肪という武器を片手にボブサップにも勝てるようになってしまった。このレベルまでくると、**「私はもう一生痩せる事が出来ないんじゃないか?」「もう脂肪といわず骨まで焼いてくれ」**などという声が聞こえてきそうだが、安心してほしい。

結論から言うと、お前はどのデブよりも圧倒的に痩せるハードルが低く、簡単に脂肪を撃滅することができる。

「でも、一体何から手を付ければいいの?」

いや、逆だ。何からやればいいのかではなく、むしろお前は何をやっても痩せる。

何やっても痩せちゃうの。

脂肪の上に更に脂肪がたっぷりと乗ったお前の体は、燃やすものしかない状況なのである。脂肪ｏｎ脂肪。自分が思う以上に簡単に脂肪が落ちる。例えるならば、デブゲームの超ｅａｓｙモードをプレーしている状況であり、とにかくザコ敵がわんさかいる。どこを撃っても敵に当たる状態だ。いわば初心者ボーナスみたいなもんだ。

どんな武器を装備しようかとか、持っていくアイテムはどうしようかとか、回復薬はこのくらいで足りるかなとか、準備に無駄な時間をかける必要はない。**お前に戦闘に先立つ準備は一切必要ない。四の五の言わず今すぐ旅立て。**

圧倒的デブが痩せない最大の原因はメンタルだ。消費カロリーをあれこれ考えたり、効率の良さを追求するなんてことはお前には必要ない。細かい事を考えすぎなんだ。脂肪ってのはダイエットの最後に残る、奥に潜んでいる奴ほど手強く厄介なんだよ。お前に細かいテクニックは一切必要ない。

確かに、効率や知識を追求したくなる気持ちは分かる。しかし圧倒的デブの場合は、そのせいで動けなくなり逆にダイエットの足を引っ張ってしまっている。

お前がやるべきは、これまでのステップで学んできた中で、自分にできそうな事をとりあえず始めてみることだ。考えるのは後だ。

まずは有酸素運動。圧倒的デブの場合、筋トレより有酸素運動の方が効率的ではあるだろう。ここまでくると食事を制限するだけで運動なんかせずとも痩せるが、グダグダ言い訳はいらない。まず脂肪を落とすことだけを考える。**プール、ジョギング、早歩き、エアロバイク、踏み台昇降、縄跳び、なんだっていい。まるで有酸素運動のホテルバイキング、よりどりみどりだ。**

日常の中で意識的に消費カロリーを増やすのも最高だ。

例えばエレベーターではなく階段を使う、タクシーではなく歩く、電車では立つ、家事を増やす、なんでもいいんだ。この、ちょっとした事の積み重ねが大きな結果を生むんだ。毎日の怠惰の積み重ねでお前の脂肪がとんでもない事になったのと同じようにだ。

いいか、できることはなんでもやる、なんでもだ。圧倒的デブは脂肪が付きすぎているからちょっと食事を減らすだけで簡単に痩せ始める。食事は第二章で伝えた通りまずは糖質制限、もしくは脂質制限だ。

じゃあ腹八分目、などとそんな甘い話ではない。お前の腹八分目は常人の満腹以上だ。炭水化物は半分程度に減らしてもいいぐらいだろう。プロテインで朝食をまるまる置き換えるのもいい。


既に糖質を大量に食べている者にとって、糖質制限は劇的な効果をもたらす。この通りに糖質制限を行えば、確実に、明らかに、脂肪が減る。1カ月で2キロ落ちれば十分だ。3キロも落ちれば万々歳だろう。

圧倒的デブは落とさなければならない脂肪の量がとんでもないため、途方もなく遠いゴールだけを見ているとモチベーションも下がってしまう。だから目の前の脂肪だけに目を向ける。1カ月3キロ落とす。10日で1キロ落とす。1キロ落としたら、次は2キロ。ただ毎日それを繰り返す。停滞期もあるだろう。

時間はかかる。時間がかかるから、考えずに目の前の脂肪だけをたたく。

ステップ22
まとめ

圧倒的デブにとって大事なのは、細かな事を考え過ぎないこと。そして巨大な脂肪全体に目を向けず、目の前の脂肪をコツコツ落とすこと。

ステップ 23

ここからがダイエットの本番、「小デブ」の場合

体脂肪率が25％以上、体重は平均よりも少し上回る程度、場合によっては平均くらいの者もいるかもしれない。

中には「ぽっちゃり」「むっちり系」「マシュマロ女子」と呼ばれたことがある者もいるだろう。まあもしも俺がマシュマロを自称しているデブを見つけた日には、その瞬間にそいつは焼きマシュマロと化す事になるわけだが。いいか、お前は小デブだ。**小デブ以外の何ものでもない。現実を見ろ。そして、その現実をこれから変える。**

遠目から見ると明らかな「デブ！」という感じではない。**でも近づくとシンプルにデブ。水着になった時にはもう目も当てられない。**顔、太腿、腹、背中の肉が特に気になる。気になるから、小デブの多くが部分痩せを試みようとする。そして有名人が宣伝するダイエットサプリや謎の器具を買いまくる。

危機感を抱くほどのデブではないからダイエットはすぐ後回しにする。ダイエットを決意した日の夜には「やっぱり明日から」を言うのが毎晩の日課だ。
おそらく、読者諸君に一番多いのもこの小デブ層だろう。

「でもよく痩せればかわいいって言われるんです」だと？

そんなお前には「黙れデブ！！」という怒号とともに、お前の全脂肪を持ってしても防御できない勢いでドロップキックをお見舞いしよう。「痩せればかわいい」という事は、痩せてない今はそうではないという事である。満足するのが早すぎるんだよ。

圧倒的デブからなんとか頑張って小デブまできた者は、このあたりから意識的に筋肉を落とさないようにダイエットをするべきだ。**加工で頬の肉をそぎ落として顔を盛ろうとしている場合ではないんだよ。お前には今すぐに筋トレを始めてもらう。有酸素運動よりも、**筋トレだ。筋トレをメインで行い、代謝を上げるダイエットを始めるんだ。

ここからはプロテイン置き換えに加え、

- 糖質摂取量を1日80gに抑える（目標）
- 米を玄米や雑穀米、パンはブランパンに替える
- タンパク質を1日体重1kg当たり1・5g取る（体重60kgなら90g）
- 運動前にBCAA／カフェインを飲む
- 有酸素運動を減らし、筋トレをメインに行う

これらを実践してもらう。**3カ月もすれば劇的に脂肪は減り、筋肉が程よく残り、プロポーションも変わっているはずだ。**特にGI値には気を使ってもらう。基本的に米やパンは精製されていない茶色のもの、麺は蕎麦オンリーだ。そして可能であればお菓子をやめる。お菓子の糖は糖の中でも特に脂肪になりやすい。

「炭水化物が少なすぎて続かなそう」という声が聞こえてきそうだが、まあ待て。例えば米を食べないなら焼き肉は食べてもOKなんだ。脂質は普通に食べてもいい。もちろんトータルカロリーを気にしつつ、食べ過ぎない範囲での話ではあるが。

筋トレは、週3日以上。週4日もできたらお前は天才だ。有酸素運動をする場合、頻度を減らす。多くても週2回程度。1回あたりの時間も20分、長くても30分までとする。

一つ忠告しておくが、小デブは痩せるスピードが圧倒的デブに比べると明らかに遅くなる。これは有酸素運動の量を減らし、むやみやたらに食事を減らすワケではないため当然の結果ではある。しかし、やはり目に見える変化のスピードに欠けてくるため、この事を忘れるとこのタイミングで挫折する者が続出する。

痩せた後は、徐々に通常の食事に戻す。ここで通常といってもデブ時代の食事に戻したら元も子もない。トータルカロリーは自分のメンテナンスカロリーに抑えること（ステップ11参照）。これで難なく維持できる。

ある程度は筋肉がつくとしても、もちろん減る脂肪の方が圧倒的に多いので太くなる心配はご無用だ。ここまでで、圧倒的デブと小デブは難なく痩せることができるだろう。デブの9割は痩せる。問題なのは次だ。

ステップ23
まとめ

小デブからは特に筋肉に着目する。
筋量を維持したまま脂肪を落とす事ができたら、
その時お前は第二の菜々緒となる。

ステップ24

デブの最終形態、「痩せデブ」の場合

このステップではデブ界最大の難関、いわばラスボスである「痩せデブ」（隠れ肥満）の攻略法について伝える。

お前らにはまず、自分の腹部を見てほしい。「胸やアバラは骨ばっている、しかし腹はしっかりと出ている。体重は平均程度、またはそれ以下、なのに体脂肪率は20％を優に超える」これに当てはまる者は、読者の中に少なくないと思う。

「ところどころ痩せているような気もするけど、おなかや二の腕はタルンタルンだし確実にメタボな気もする。でも周りからは細いといわれる。太ればいいのか、痩せればいいのか、どうすればいいか分からない……」

結論から言うと、お前はデブの中でも最後のステージまで進んだ史上最悪のデブ、いわばデブの最終進化形態だ。痩せているけど太っている、デブと痩せの共存、この矛盾の妖怪が痩せデブである。

毎日の主食をお菓子や甘味、タンパク質を全く取らず炭水化物だけで生きてきた結果こうなったと思われる。自分でも明らかに平均以下の体重とは分かっているものの、なぜか人より脂肪が多く体の色んな箇所がたるんでいるため、更に痩せようとしててガリガリになったりもする。

ちなみに今、痩せデブに当てはまらない「普通のデブ」であっても注意が必要だ。なぜならどのデブも、**ダイエットを一歩間違うと痩せデブになる恐れがある**からである。

この、隠れ肥満こそがデブの最終的課題であり、最も肉体改造に時間を要する。普通のデブが単純に痩せるよりも、労力がかかる。痩せデブは更に痩せると、状況が悪化する可能性がある。かといって何も考えずに太ると、それはそれで恐ろしい事態になる。完全に袋小路に入ったデブだ。

痩せデブを改善する方法を解説する前に、少々長くなるがまずは俺の昔話を聞いてほしい。今から遡ること7年ほど前、俺はいわゆるヒョロガリだった。

しかも、ただのヒョロガリではない。

BMI（身長と体重の比率）はヤセ領域、なのに体脂肪率は平均よりも高く、腹が出つつも腕は細いという、オスとしての魅力が皆無な体形だった。胸板なんぞというものも当然なく、背中と胸の距離は『コロコロコミック』、いや『週刊少年ジャンプ』よりも薄い。なのに腹は洋ナシのようにしっかりと出ている。妖怪の体形を思い浮かべてもらえれば、それが俺である。

つまりヒョロガリの中でも特に最悪な部類の、体脂肪だけは高い選ばれしヒョロガリだったのである。俺の積み重なる不摂生、お菓子と酒が主食生活、ダイエット＝何も食べない生活、運動は全くしないどころか歩きもしない生活、などが原因だった。

つまり長年かけて筋肉が退化し、脂肪が残された結果こうなった。世間ではこれを隠れ肥満と呼ぶが、**テキ村式ダイエットにおいてはこれを「デブの最終形態、ラストチルドレンofデブ」と呼ぶ。**

その頃の時代は、俺にとって暗黒そのものであった。

俺と相対した女たちは口を揃えてこう言った。

「腕、細っ」

「アバラ浮いてるやん」

「それでいて腹は出てんのかい」

「なんか、E.T.みたい」

彼女たちに悪気はないだろう。しかしその言葉は、次第にふつふつと俺の肉体改造魂を燃え上がらせた。


「俺の体も、もうちょっとこう、筋肉質というかバランスいい感じにならないものか……」

ある日、肉体改造を決意した俺は、マッチョの友人にアドバイスを求めた。彼は当時総合格闘技もしていたので、体作りについての知識は豊富だと思ったのだ。これから筋トレを始めようと思っているがどうしたら効率よく体を変えられるか？というような趣旨の事を聞いた。

「村上はまず太った方がいいよ。まず脂肪をつけてデカくならなきゃ。そのあと筋肉に変えればいいんだよ」

いわく、具体的には今の二倍ほどのカロリーを取れ、と言う。俺はなんの疑いもなく「まずは太れ」を実行した。**そして俺は文字通り、ただ単に、まず太ろうとした。**

脂質を取りまくり、米やパンを食いまくった。ドリンクはもちろん乳製品、コーラがぶ飲みである。それと同時に多少筋トレもした。週に2日ほどジムに通った。

すると、どうなったか。**出ていた腹が、更に出てきた。既に出ていたのに、もっと出た。実にでしゃばりな腹である。**しかし全てアドバイス通りにした、なんの問題もない、と楽観し、3カ月ほどその生活を続けた。

その結果、完全に「ポヨン」とした体つきになってしまった。シンプルに、デブである。締まりが全くない。プロテインも適当に飲み、筋トレも並み以下くらいにはしたから筋肉も多少は増えただろうが、それ以上に脂肪がつき筋肉のメリハリが全くない。**割れた腹筋はほど遠いどころか、更に宇宙のはるか向こうに行ってしまった。**

太った後も、俺は「脂肪が筋肉に変わる」を信じて数カ月、適当に筋トレをしていた（したつもりになっていた）。俺は、自分のしている行動に疑問を抱きつつあった。脂肪はしっかりつけた。身長と比較して平均以上の体重だ。アドバイス通りであれば、筋トレをすれば筋肉になるはず。しかし一向に腹は出たまま、腹の肉が腹筋にはならない。

「なぜ、こんなに筋トレを頑張っているのにカラダが変わらないのか」

「脂肪よ、お前たちの準備は整ったぞ、なぜ筋肉にならない」

その疑問は俺の頭の中を、巡り巡った。

……そして、薄々気付いていたものの目を背けてきた一つの結論に行き着くことになる。

脂肪が、筋肉に変わることは永久にない。

「まず太って、脂肪を筋肉に変えろ」。奴の言っていたことは嘘だったのだろうか？　俺が数カ月で得たものと言えば、痩せに肉が付くと小デブになるという発見と、脂肪くらいのものである。俺は泣いた。そして増えすぎた腹回りの脂肪に向かってリベンジを誓った。

それ以後俺の生活は一変し、全エネルギーを肉体改造に費やすこととなった。手始めに、まず本を読みあさった。ダイエットはもちろん、トレーニングや生理学の類いだ。本で調べたり、自分の体で体験することによって、俺はボディメイクに対して様々な誤解をしていたことを知り始めた。

なによりも驚いたのは、ジムのスタッフですら「運動しないと使わない筋肉は脂肪に変わる」「運動すると脂肪が筋肉になる」など、謎の超理論を客に教えていたことだった。

それまでは「ジムで働いているこの人が言うのだから多分正しいのだろう」というバイアスがかかるため、なんでもかんでも信じ込んでいた。大間違いだった。ジムのスタッフもスタッフである前に同じ人間である。

それから、俺は筋トレを研究した。

筋トレの知見を深めると、それまでの俺は筋トレを「したつもり」になっていただけだったという事が分かった。**トレーニングを長時間行ってなんとなく頑張った気になるよりも、なるべく丁寧に筋肉を収縮させ「質」を向上させることを心掛けた。**

ジムに通う頻度も大幅に増やした。週に2日、多くても3日しか行ってなかったジムに週5~6日ほど通った。ほぼ毎日ジムだ。今日は疲れているから行かないとか、今日は気分じゃないからやめておこうとか、もはやそういう問題ではなかった。

完全に習慣化し、風呂に入る、歯磨きをする、と同じ感覚でジムへ行った。

それから数日が経った。俺は晴れて、ボディメイクに関する知識は豊富で**ウンチクだけはよくしゃべる最強の小デブとなった。ストロングデブである。**筋肉も少しある。「あ、背中の筋トレはあーでこーでこーなんだよ。まあ、初心者にはちょっと意識しにくいかもね。まあ頑張って！」とかなんとか偉そうにほざきながら、腹はポヨンとしているのである。いかに地獄の様相かが伝わるだろうか。

しかし一度身をもって失敗し、正しい知識を身に付けたデブは冗談抜きで本当に最強だった。そう、ここからが強かったんだ。

俺は頑張ってつけた脂肪を、落とした。驚いたのは、あれだけ簡単についた脂肪を落とすためには、そら恐ろしいほどの忍耐を伴うということだった。**あまりの苦痛に、最初の数日で全てを諦めかけた。**

それでもなんとか毎日食べたくもないパッサパサのサラダチキンやノンオイルツ

ナをむさぼり食った。ランチはだいたい玄米にホッケor鶏むね肉。腹が減ってどうしようもない場合はおやつに豆腐を食べた。もちろん、鬼のような食欲に襲われた。

すると、これまでの俺の「空腹」は全然空腹ではなかったという事を知った。空腹のあまり、全然うまくないはずのサラダチキンはいつからか完全なるごちそうと化した。**さらに驚くべきことに太る前と同じくらいの体重に戻った時、妖怪の如き腹は平らになり、まるで見えなかった腹筋がうっすらと浮いてきた！** 高タンパク食と増量を並行しての激しい筋トレ、そこからの減量によって、脂肪により埋まっていた筋肉が見えてきたのである。

俺はこれまでやってきた事を整理し、太る→痩せるのサイクルを繰り返した。いつしか体はパッと見でも明らかな筋肉質になり、体脂肪率も一桁台になった。「まずは太って脂肪を付けろ」。確かに、彼が言っていたことは完全な嘘ではなかった。「体重を増やす」という意味では正しかった。つまり半分は合っていた。

正確には、

①　筋トレ量を増やし、炭水化物・タンパク質・脂質のバランスのいい食事を取り、少し太る（この場合の太るは、あくまでも体重を増やし同時に筋肉量を増やす目的）。

②　脂肪がついた分、痩せる。

③　①と②を繰り返して体脂肪率を落としていく。すると脂肪が減り筋肉が増え、筋肉質な体になっていく。

という3つが大事だった。

脂肪が筋肉に変わることはないが、まずは体重を増やさないと筋肉そのものも増えない。結論としては、なるべく高タンパク食を意識しつつトータル摂取カロリーを増やすと同時に、筋トレを目いっぱいこなして筋肉量を増やし一時的に体重を増やす（当然脂肪も増える）。その後、痩せて体脂肪を落とす。**そのサイクルを繰り返す。**

俺の個人的なやり方だが、体重を増やす場合男子なら1か月に1kg～2kg、女子なら0.5kg～1kg増えればいい。それ以上増えると脂肪が付きすぎるし、それ以下だとペースが遅い。増量期を2～3か月続けたら、減量サイクルに入り、再び食事制限を始める。まだ体が脂肪っぽい場合、これを繰り返す。

更に増量期で重要なのが、「筋トレ」である。増量期間はカロリーを増やすのはもちろんなのだが、ここで筋トレを適当にやってしまうと大変な事になる。**筋トレの強度が甘いと、全体のカロリーを増やしているため、ただ単に脂肪がついてしまうだけになる。**

痩せデブが一度太る目的は、あくまでも筋肉を増やすためである。筋トレの質と頻度は上げないと、昔の俺のようにただのデブとなる。

減量期では、プロテインやアミノ酸を特に積極的に飲むべきだろう。一日のタンパク質は体重1kgにつき2グラムほど取りたい。体重50kgなら、100グラムだ。

これを怠るとせっかく増やした筋肉が減ってしまう。そして最終的には男子なら体脂肪率10％台前半、女子なら10％台後半以下を目指す。この程度の体脂肪率なら、半年かけてこのサイクルを繰り返せば**誰でも確実に達成できる。**

ステップ24
まとめ

痩せデブは一朝一夕では改善できない。
増量・減量の二段階方式が遠回りに見えて、最も近道だ。

「やっぱり、ダイエットは明日から！」

これが昔の、まだ小デブだった頃の俺の口癖である。夜中に『ペヤングソース焼きそば』を食べながらこれを言うのがお決まりだった。

今思い返してみると、本当にしょっちゅう言っていた。ほぼ毎日だ。ジムに行くかと思いきや、「でも雨が降ってるな」「明日朝早いし」「明日に備えてあまり疲れる事はしない方が良さそうだ」など、意図してないのに勝手にジムに行かない理由が頭に浮かんでくる。

まさかあの小デブが体脂肪率を一ケタ台にするとは、全宇宙の誰が予期しただろうか。ダイエットや筋トレを始めたての俺は、この世のフィットネス業界が凄まじい混沌で満ち溢れていることを知り衝撃を受けた。デブメンタルに付けこみ商売をする有象無象がどれほど多いことか。

そこで俺は自らの体験を基に、この本を書くことにした。どうしたら動き出せない人間が動けるようになるか、つまるところダイエットが成功するか否かは、これに集約されるのかもしれない。

ここまで読んだ読者の皆さんには、これまで俺が体験してきたダイエットに関する全てを伝えたつもりだ。俺は本書を書き上げる上で考えていたのは、たった一つの事である。それは、「いかにダイエットをリアルに書けるか」、これだけだ。

本書でたびたび登場する暴言、これは過去の俺自身へのメッセージでもある。本書に書かれてるメソッドや考え方は全て、実際に俺が痩せるために実践してきたものだ。

自分の頭は「運動なんかしたくない、ここで一生寝ていたい、願わくば家系ラーメンが食べたい」と叫んでいる。しかしそこをなんとか動きたいし、鶏のささみで我慢したいわけだ。脳内で矛盾の嵐が吹き荒れているのだ。

「テキ村式ダイエット　ビフォーアフター」などで検索してもらうと多くのダイエッターたちの華々しいダイエット成功の画像を見る事ができる。まだダイエットを開始していない者にとって、彼女たちはさも簡単に痩せたかのようにも見えるだろう。成功というものは傍からは良いところしか見えない。しかし実際は皆が皆、そんな簡単にうまくはいかない。裏には鬼のような葛藤がある。

彼女たちがコンビニやスーパーに行けば、パンコーナーやお菓子コーナーの前を永遠にウロウロし、頭を抱え、額には冷や汗を流し、しゃがみこみ、不審者を見る目で見られたことだろう。夜中の食欲に耐える時は、たった5分過ぎるのが1時間に思えることもあっただろう。

食欲が邪魔で寝付けないし、天井を睨みつけながら、食べるか食べないか、脳内で食欲と死闘を繰り広げるのだ。時折、なんのためにこんなことをしてるのかと、ふと我に返る時もあるし、突然全てを投げ出したくもなる。全部がどうでもよくなったりする。

周りに鼻で笑われたりもする。ダイエットをした事もないような奴にペラペラと口を挟まれる。そのたびにバカバカしくなる。しまいにはイライラして誰かに八つ当たりしたりする。それでも自分の目標をふと思い出し、それを手に入れるために、全てを乗り越える。乗り越えるというよりも、自分の目標を改めて思い描くと、そんな考えが吹き飛ぶ。

常に自分と戦い、自問自答し、時には自分を罵倒し、時には自分を褒め、自分に打ち勝ってきた者だけが成功を手に入れる、それがダイエットである。俺のブログやSNSを読んで着実に痩せていく読者たちを見てきて、俺が最後にたどり着いた結論は「ダイエットの現場に綺麗事は通用しない」という事である。

この根性論には異論もあることだろう。しかし多くの人がこの現実から目を背けた果てにたどり着いた先はなんだろうか、永遠のダイエットスパイラルだ。

こうして本書は、罵詈雑言が飛び交う実にバイオレンスなダイエット本となった。かといって今デブである事を悲観し過ぎる必要はない。なぜならデブは伸びしろしかない、希望の塊みたいなもんだからだ。なんでもそうだ。旅行だって、旅行先に着いたら楽しみはそれまで、旅行に行く前の日が一番楽しいと相場が決まっている。

これからテキ村式ダイエットの一歩目を踏み出すにあたって、あなたはこれから同じ目に遭う事になる。あらゆる煩悩にコテンパンにされ、挫折しかける事もあるだろう。そんな時が来たら再び本書を開いてほしい。その時になって初めて、意味が分かる事もあるかもしれない。

今から脳ミソに深く刻みこむんだ。ダイエットは継続こそが全てである。一時的なやる気や一念発起は、脂肪の前では非常に脆くはかない。継続なき努力は全てを水の泡にする。これがダイエットの現実である。言い訳をするのは簡単だ。継続が大切、そんな事は誰でも分かっている。分かっていても、行動できない、行動しなければ意味がない。だから、脳ミソに深く深く刻み込まないといけないんだ。

ダイエットに限らないが、人生はなんでも自分に負けそうな時ほどチャンスだ、これは間違いない。そして「もうだめだ」と思う多くの場合は、自分が決めた限界である。勝手に限界を決めるな。変えるのは自分の体だけである。他人を変えるのは一番難しい、でも他人の体じゃない。

本気になった人間にとってダイエットごとき、やってできないことはない。ダイエットは勝負事ではない。勝負相手がいないんだ。簡単だろ。敵は自分だけなんだよ。あなたがもし本気でダイエットのリアルと向き合えるなら、あなたは確実に変わることができる。これはもう完全に約束できる。俺が本書を書き上げるために注いだ7カ月間を懸けて約束する。

とはいえ、ダイエットは痩せる事が全てではない。

むしろ、そこが始まりなのである。痩せて終わりじゃない。ダイエットに励む人はダイエットを成功させるという事が、さも高い山の頂上に登る事のように捉えがちだ。そうじゃない。ダイエットを成功させる事は、山の麓にある「扉」を開く事に等しい。

痩せてから、その人それぞれの「山」を登る。そのためには麓にある扉を開かねばならない。つまり痩せた後にどんな人生を送るか、これこそ最も重要だ。痩せる事は山を登るための通過点に過ぎない。ダイエットで挫折する多くの人がこれを忘れている。

今、扉を開く環境は整った。後は賽を投げるだけだ。心の準備はいいだろうか。

では、いざ。

編集協力　高関進　春見優香
ブックデザイン　杉山健太郎
DTP　石塚麻美
校正　石井三夫　鴎来堂

痩《や》せない豚《ぶた》は幻《げん》想《そう》を捨《す》てろ

2019年11月28日　初版発行
2019年12月20日　再版発行

著者／テキーラ村上《むらかみ》
発行者／川金正法
発行／株式会社KADOKAWA
〒102-8177　東京都千代田区富士見2-13-3
電話 0570-002-301（ナビダイヤル）
印刷所／図書印刷株式会社

ISBN 978-4-04-604347-4　C0077